本書は「清水新書」の『源義経・伝説に生きる英雄』として一九九〇年に刊行したものに加筆・修正を施して新訂版として復刊したものです。

はしがき

源義経ほど話題に富む人物もまれだろう。世に、判官贔屓《びいき》の語があるように、彼の悲劇的な生き方が義経人気を生み出した理由かもしれない。『義経記』以来、義経をテーマとした幾多の作品が登場した。学術・文芸方面に至るまでこの人物にふれた著作は気が遠くなるほど多い。義経はたしかに人気先行型の人物なのである。あまりにも短い彼の生涯にはロマンがあふれている。それゆえに半ば伝説化した義経像が独り歩きし、多くの人々を魅了してきたことも事実だろう。

戦後の歴史学はそうした義経像をつき離し、その実像を求めてきた。本書で示す義経像もあるいは散文的なそれに近い。「史は詩に通ず」とは名言だが、そうした感情の共鳴盤は本書にはない。ただ「英雄は時代をつくり時代は英雄をつくる」との言葉もあるように、歴史を宿命的な必然としてみるのではなく、多くの可能性の中から選択された一つの道としてみる見方、これに共感を覚える。いずれにしても人物論のむずかしさはこのあたりにあるのだろう。歴史学であつかう人物が小説と異なるところは、それが〝時代〟という客観的条件に規定された〝大説〟でなければならないという点である。その意味で本書が問題としているのは義経と彼が生きた時代である。古代と中世のはざまを風の如く駆けぬけた義経の生涯は短かった。彼が生き、戦い、命を燃やしたこの時代は大きな変革の時期にあたる。この変革の中から新しい時代は開幕する。〝生まれ出づる悩み〟の時代、これが義経に与えられた舞台である。この舞台で彼は何を演じたのか、あるいは何を演じさせられたのか。〝大説〟義経の舞台には、頼朝がいた。後白河法皇もいる。そして藤原秀衡・泰衡もいる。それぞれの政治的世界を代表する彼等との出会いで彼が得たもの、失ったものは何であったのか、義経論の切り口は豊かである。

一九九〇年一月

著者しるす

目次

Ⅲ 判官義経・後白河院・京都

Ⅳ

義顕・秀衡・平泉

I

伝説は語る

鞍馬山の遮那王

❖伝説と史実のはざま

変革期はその短い期間に様々な英雄を生み出した。英雄とは巨大なる自己を自覚しつつも、さらなる名声の獲得にむかって行動する精神のダイナミズム、それを一人格のなかにもっている人物だとされる。この点義経ほど英雄という距離から遠い英雄もいない。彼を英雄とよぶには、あまりに時代に無垢《むく》だった。その無垢さの故に歴史の波間に踊った英雄像の中で義経の悲劇も増幅されてきた。歴史の必然はその天才児を必要とする瞬間に一躍檜舞台に登場させ、その役割が終わってしまうと、冷酷に消し去ってしまった。彼が歴史に対して少しでも演技・演出の効果を心得た人間であったなら、義経へのイメージもあるいは違っていたかもしれない。それにしても、人間義経に対して、これを知る史料は何と乏しいことか。彼が確かな歴史に登場するのは治承《じしょう》四年（一一八〇）から文治五年（一一八九）のわずかな期間にすぎない。この期間は文治《ぶんじ》元年（一一八五）をはさみ、大枠としては前半は対平氏戦、後半は対奥州戦の段階ということもできる。その限りでは二二歳から三一歳までの史実の義経の生涯は、〝戦う人〟そのものであった。だが、われわれには別の義経もいる。史実と伝説のはざまに存在するあの義経である。

義経の幼年期は、伝説によると、鞍馬《くらま》の遮那王《しゃなおう》として始まる。夜々、天狗に兵法を学んだとされる例の牛若丸の世界だ。この牛若丸説話を含めて義経談として後世語られる内容は、饒舌に過ぎるという点では、そのとおりであろう。五条大橋での弁慶《べんけい》との出会い、金売吉次にともなわれての奥州下向と、牛若丸・義経を語る材料はたしかに豊かなのである。この章では伝説に彩られた様々な義経の前半生について、『平治物語』や『義経記』といった作品をベースにその足跡をたどってみよう。

伝説の人、源義経
（江戸時代の版本より）

❖「比《ころ》は衣更着《きさらぎ》」

「比《ころ》は二月《きさらぎ》十日なり、余寒なをはげしくして、雪はひまなく降りにけり。今若殿をさきにたて、乙若殿の手を引く、牛若殿をふところにいだき、二人のをさなき人々には物も

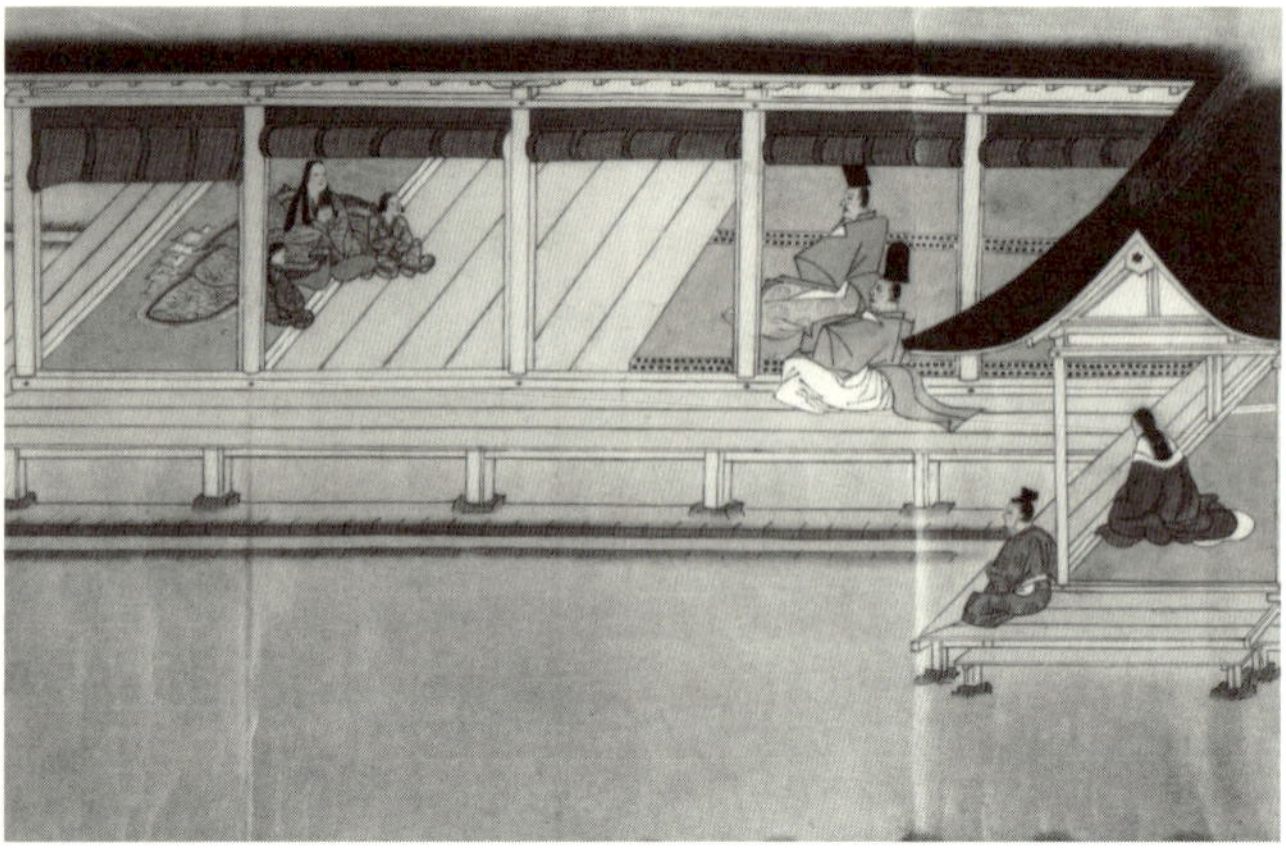

清盛と常盤の対面（平治物語絵巻、東京国立博物館蔵）

はかせず、氷のうへをはだしにてぞあゆませける。『さむや、つめたや、母御前』……」。粉雪の舞う悲しく白い世界を伝えるような『平治物語』の一節である。伝説牛若の登場はここから始まる。悲愴感がただようこの描写は、源義朝の死を知った常盤《ときわ》が幼な子をつれて密かに京の都を離れる場面である。大和路を目ざし、多難をきわめた母子の逃避行は、大和龍門《りゅうもん》の伯父のもとに身を寄せることでつかの間の安堵を得る。だが、都に残した母に危険がせまったことを知った常盤は、三人の子供を連れ清盛のもとに出向くことになる。六波羅では清盛以下の平氏の侍が、容色のほまれ高い常盤を一目見ようと参集したという。『平治物語』は「大宰大弐（清盛）は、常葉（常盤）が姿をみ給ふより、よしなき心をぞうつされける」と説明する。要は清盛の横恋慕ということである。母をそして幼な子の助命を乞う常盤御前の心情を語るこのあたりの場面は、なかなか圧巻である。常盤は清盛の妾となったという。『源平盛衰記』も同様であり、その後常盤を愛した清盛は、彼女を六波羅近くに住まわせ、一人の女子をもうけた。この女子のことは『尊卑分脈』に収める「桓武平氏系図」にも「廊の御方」として載せられている。南北朝末期の成立と伝えるこの書物の性格から、その真偽を確認することは難しいが、有り得ないことでもなかったろう。

ところで、傾城《けいせい》の美女と伝えられる常盤が義朝に愛されたのは、彼女が九条院（近衛《このえ》天皇の皇后藤原呈子《ていし》）の雑仕女《ぞうしめ》（奥むきの雑用をつとめる女性）時代のことであった。牛若が生まれた平治元年（一一五九）、兄の今若はすでに数え年七歳になっていた。平治の乱で父義朝が敗死したのは翌年の一月、悲運に見舞われた母子四人の姿を語る先のくだりは、この頃のことであった。

常盤が清盛の寵を受けたかどうかは別にしても、三人の男子の命だけは助けられた。史実からいえば間もなく彼女は大蔵卿長成《ながしげ》という貴族と再婚し、能成《よししげ》以下数人の子をもうけている。こうして幼い命は出家を条件に助けられた。兄今若は醍醐寺に入り全成と名乗り、悪禅師《あくぜんじ》とよばれ、その後頼朝挙兵ののち、駿河方面で活躍することになる。また次兄の乙若ものち義円と改め、後白河法皇の皇子八条宮法親王《ほっしんのう》に仕えた。義円も頼朝の挙兵後、これに加わったが、養和《ようわ》元年（一一八一）三月の墨俣《すのまた》川の戦いで死亡している。そして牛若である。彼が洛北の鞍馬山に入ったのは七歳の頃であったという。入山までの幼少期を牛若がどのようにすごしたのかは伝説は語っていないが、おそらく母常盤の再嫁先の長成の邸で数年間をくらしたと想像され

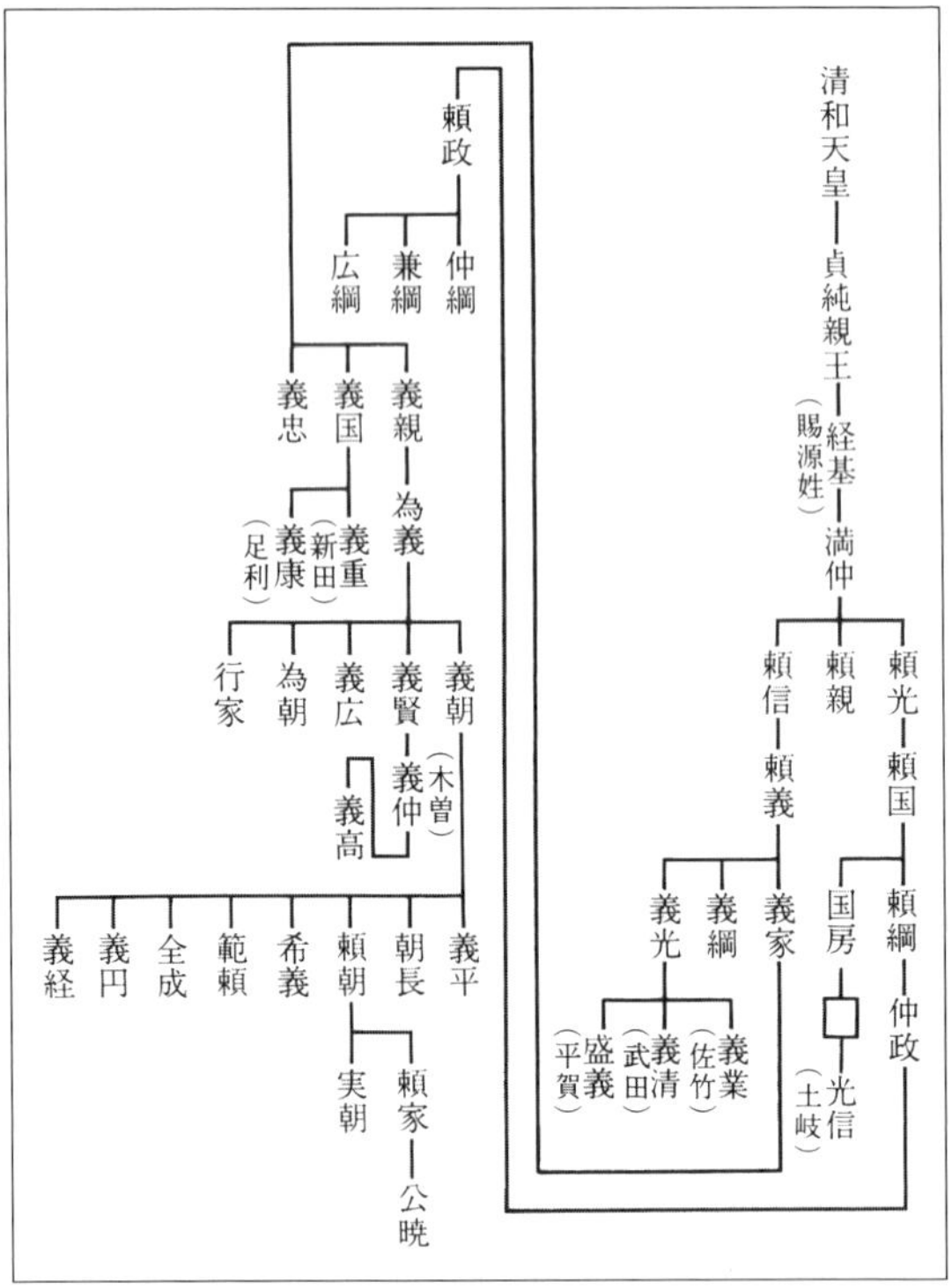

清和源氏略系図

る。それはともかくとして、牛若が義朝の晩年の子であったことにかわりはない。母を同じくする兄たちはここに述べた通りだとしても、後年彼が元服し源九郎と称した事実から異母の兄たちも多かったのであろう。前記『尊卑分脈』の「源氏系図」によれば、全成・義円以外に、義平・朝長《ともなが》・頼朝・希義《まれよし》・範頼《のりより》の七人の兄たちがいた。早世した兄がいたともいうが、定かではない。このうち義平・朝長は義朝が関東にいた頃に生まれた子で、正室の藤原季範《すえのり》の女《むすめ》との間に生まれた頼朝・希義とは母を異にした。同様に後に義経とともに平氏討滅に活躍する範頼も遠江《とおとうみ》池田宿の遊女を母としていた。このように義経の兄たちはそれぞれ母を異にしており、それだけに親疎の感情は今日的感覚では律し切れぬ面もあった。しばしば人倫的尺度で嫡子《ちゃくし》頼朝の冷徹な仕うちが問題にされるが、それは後世の感覚であって、兄弟の肉親感情にも中世的モノサシを準備すべきなのだろう。

それはさておき、義経が襁褓《きょうほう》の内から成長し、鞍馬寺に入ったその後はどうか。再び伝説の世界をたどってみよう。

❖遮那王

鞍馬山の東光坊阿闍梨蓮忍《あじゃりれんにん》や禅林坊阿闍梨覚日に預けられた牛若は、遮那王と名乗り、ここで多感な少年期をすごすことになる。『古写本平治物語』は鞍馬入寺後の遮那王について、彼が十一歳のおり、かねて語り聞かされていた自分の出自を系図で知るにおよび、悲業の死をとげた父義朝の遺志を継ぐことを思い立ったという。それからというもの、昼は終日『六韜《りくとう》』『三略《さんりゃく》』などの軍書を読み、夜は人知れず鞍馬の山中で武芸の稽古にはげんだとされる。僧正ケ谷《じょうがだに》で、夜々鞍馬の天狗に兵法を学んだというのも、このころのことであった。むろん作り話であろうが、この類の話は多い。

鞍馬山の僧が大勢の稚子《ちご》を連れ花見に出かけ、舞に興じていると、そこに山伏が現われ座り込む。難をおそれみな退散してしまうなか、居残った稚子が山伏に親しげにことばをかける。それが牛若だった。平家の稚子たちにのけ者にされていることを聞き知ったこの山伏は、物お

鞍馬寺

じしない稚子と連れ立ち、桜を見た後、自分はこの山の大天狗であることをあかし、後日兵法指南の約束をかわし立ち去る。〝謡曲〟の「鞍馬天狗」のストーリーであるが、後世の想像力は遮那王と天狗との話からこうした作品も創り出した。後年の義経の戦場での機敏な活躍から、天狗とのかかわりを思いついたのだろう。

『義経記』では、日々研鑽を重ねつつ、遮那王は今後の自分の身の振り方に思いをはせることになる。師の東光坊など周囲の人々はしきりと出家をすすめたという。だが彼はこれを拒みつづけ、「兄ふたりが法師になりたるだに無念なるに、左右《とこう》なくはならじ。兵衛佐に申しあはせ」と語り、兵衛佐＝頼朝と心を合わせ、平家を倒すことを主張してやまなかった。こうしたかたくなな態度に「師匠も常葉も、継父の大蔵卿も力及ばず、たゞ平家のきゝをのみぞなげかれける」と伝えている。こうして承安《じょうあん》四年（一一七四）の春をむかえた頃、十六歳となった遮那王は鞍馬山から忽然と姿を消してしまう。『尊卑分脈』にも「承安四年三月三日暁天、時に十六歳」としており、『吾妻鏡《あずまかがみ》』その他の信頼し得る史料からも、この時期に義経が山を下ったことが窺える。世に「牛若の奥州下向」と語られる話はこのあたりの事情をさしている。義経が鞍馬から去った後、奥州平泉に赴いたことは、おそらく史実だろうが、その道すがらの細部にわたる内容については、いずれもはっきりしない。いまこのことを述べる前に義経がいた鞍馬山のことについて、少し語りたい。

❖鞍馬の寺

鞍馬山に行かれた読者はおわかりだろうが、ここは昼なお暗き千年杉が茂り、たしかに霊山のおもむきがある。鞍馬が〝暗間〟〝暗魔〟に通じると指摘したのは、作家の遠藤周作氏である（『古寺巡礼京都』「くらまの光」）。むろんイメージとしてのそれであって、古書の類はいずれも鞍馬の表記であることにかわりはない。ただ〝暗山〟にも通ずるこの山が京の人々に暗い場所として不気味な怖さを感じさせる場であったことはうなずける。

事典風に鞍馬寺の縁起《えんぎ》をしるせば、開山は唐僧鑑真《がんじん》の高弟の鑑禎《がんてい》で、宝亀《ほうき》元年（七七〇）、夢告により開いたとされる。その後、延暦《えんりゃく》十五年（七九六）造東寺長官であった藤原伊勢人が再建したとある。夢告開山の話は寺社縁起にはつきものだとしても、この山寺が王城の北の鎮護として位置したことは注意したい。本尊の毘沙門天《びしゃもんてん》は別名多聞天《たもんてん》ともいい、北天の守護神であった。武の神としても知られ、戦国武将上杉謙信がこれを守護神としたことはあまりにも有名だ。鞍馬寺の創建に関与した伊勢人は桓武期の頃の人物で、彼が造営長官をつとめた東寺も平安京の入口に位置し、これを鎮護する役目を負わされていた。この時期、桓武天皇は私寺の建立を厳禁していたことからすれば、天皇の伊勢人に対する信望も厚かったのであろう。

信望といえば、この時期、洛東の清水寺の創建に寄与した坂上田村麻呂《さかのうえのたむらまろ》、洛西の神護寺を建立した和気清麻呂《わけのきよまろ》といずれも、桓武期に大きな足跡を残した人物だった。そして彼等が創建した私寺はいずれも平安京を外護《けご》する〝境界〟に位置することを考え合わせれば、いろいろと興味深いことも頭にうかぶ。〝境界〟とは心象イメージからすれば、俗界と聖界の境でもある。寺社は聖界を代表する権門であろうが、とりわけ王城の四隅に位置する右の寺々は二重の意味での境界に位置する。鞍馬寺は、その意味で魔的なものを浄化する場所としての意味をもった。

義経の鞍馬入山は偶然なのだろうか。確かに継父や常盤のすすめがあったかもしれないし、あるいは平家の意志が働いていたかもしれない。いずれにしても鞍馬は王城洛北の外護寺であり、罪業浄化の聖域的場所でもあった。しかし聖界は他方で、魔界と表裏の関係にある。このことを考えさせるおもしろい話が『古事談《こじだん》』に載せられている。

❖鬼同丸説話の読み換え

源頼光と弟の頼信といえば「都ノ武者」として有名である。その頼光の一行が頼信の家に立ち寄ったところ、鬼同丸《きどうまる》なる人物が頼信の罰を受け縛られていた。頼光の指示でさらに懲《こ》らしめられた鬼同丸はこれを怨み、密かに鞍馬へと逃走し、ここで参詣する予定の頼光一行を待ちうける。

「鬼同丸、くらまのかたへ向きて一原野の辺にて、便宜の処をもとむるに、立隠べき所なし、野飼の牛のあまたありける中に、ことに大きなるを殺して、路頭に引ふせて、牛の腹をかき破りて、その中に入て、目ばかり見出して待ちけり」

説話としての結末はというと、坂田金時《さかたのきんとき》（例の足柄山の金太郎である）をはじめとする頼光の四天王の機転で待伏せの鬼同丸は頼光に討たれてしまう。頼光の武勇談といってしまえばそれだけのことだが、この話を鞍馬山に引きつけて、遠藤周作氏は二つの点を指摘している。一つは鬼同丸のような悪人が京から逃げかくれするには、鞍馬が絶好の場所であったこと、二つはこの地は都に恨みを持った者の怨念がこめられた場所であったということ。確かに恨みを持った人間が潜み、隠れるには適した所だったに違いない。義経がそうであるように。魔界的空気がただようこの場所には天魔ならぬ天狗が潜み、呼吸している。牛若と天狗のふれ合いとは、こうした鞍馬山のイメージにいかにも似合いそうだ。義経の鞍馬山に関連して、想像を豊かにすると、以上のようなことも頭にうかぶ。

ついでに、義経が鞍馬ならば頼朝の伊豆はどんな意味があったのかもふれておく必要がありそうだ。当時の東国・伊豆はやはり坂東《ばんどう》の境域である。東山道の碓氷《うすい》坂と東海道の足柄坂より以東の俗称としての坂東は、流罪地としてふさわしい場所であった。『延喜式《えんぎしき》』という十世紀に成立した書物があるが、これによると刑罰体系での遠流の地は、この時期でさえ、東国＝坂東で常陸・伊豆の二国が遠流地域と指定されている。ということは国家的犯罪人の流罪地とは、国家の監視が及ぶ限度、別の表現をすれば領域的支配が及ぶ限度は、十二世紀段階にあっても、東国までが限界であったということでもある。義経の鞍馬が都の北境に、頼朝の伊豆が日本国という空間領域の実質的境にそれぞれ位置づけられるということの意味を考えるべきかもしれない。義経が鞍馬を脱出した後、東北の奥州へと下向するのも、この地域が王朝国家の実質支配の外にあったことによる。

平泉での義経

❖奥州下り

さて鞍馬山から失踪した牛若は、その後国内各地を放浪して、苦難の末奥州に赴いたとされる。この間のことは、有名な「腰越状《こしごえじょう》」（『吾妻鏡』所載）からも想像される。「甲斐なき命をながら許《ばかり》と雖《いえど》も、京都の経廻難治《けいかいなんじ》の間、諸国を流れ行かしめ、身を在々所々に隠し、辺土・遠国に栖《す》まんが為に、土民百姓等に服仕せらる」。

後年義経が不和となった兄頼朝に、嘆願のために差し出した書状の一部である。諸国を流浪し、土民や百姓に使役された年月を送ったという述懐は、真実に近いものがあったろう。説話類ではこのあたりを語る材料は豊かだ。遮那王と京・奥州を往来していた金売商人吉次との出会い、そして彼を同道しての奥州下向という大筋は一致するものの、『平治物語』から『源平盛衰記』さらに『義経記』に至るまで、登場人物は様々である。後世の作品ほど虚構が多いことは言うまでもなく、弁慶《べんけい》、強盗の熊坂長範《くまさかちょうはん》、鬼一法眼《きいちほうがん》など多彩を極める。

ちなみに『平家物語』に伝説的な義経の記述が少ないのは、これが平家の栄枯に力点が置かれていたという事情以外に、この書物の成立が右のものに比べより早い段階のものであったことと関連しよう。『吾妻鏡』的節度さに近い『平家物語』の記述には、屋島合戦のおり、義経について、平氏の侍の越中次郎兵衛盛次が「一年平治《ひとゝせ》の合戦に、父討たれて孤《みなしご》にてありしが、鞍馬の児にて、後には金商人の所従になり、粮料《ろうりょう》負うて奥州へ落惑ひし小冠者が事か」と罵っている程度である。

さて再び『平治物語』の世界に入る。承安四年の三月、牛若は鞍馬に参詣した一人の商人に出会う。彼の名は金売吉次。牛若は吉次に「此童《わらべ》を陸奥国へ具し下れ」と懇請し、吉次も同道する者と相談の上、牛若の奥州行きを約束する。同道すべき人は下総国の住人、深栖《ふかす》三郎光重《みつしげ》の子で重頼《しげより》と称した。牛若は彼が源頼政の家人であることを聞き及び、自分の身の上を告白した上で「まづ下総まで下り給へ。それより吉次を具して奥へとをり侍らん」と語り、三月三日の暁に東路にむけて鞍馬を出る。その夜は近江の鏡の宿に着き、ここで心ばかりの元服式をあげ、源九郎義経と名乗った。その後日を重ねた一行は下総に至り、ここに一年ばかりしのんでいたが、「武勇人にすぐれて」の義経の風評が平氏に伝わることを案じた深栖三郎のすすめもあり、「さらば奥へとをらん」ことを決意した。後に伊豆の頼朝との対面を果たした義経は、そのすすめに従って、まず秀衡《ひでひら》の郎等で信夫《しのぶ》小大夫というものの後家の尼のところに行くことになる。この尼は、上野《こうづけ》国の大窪《おおくぼ》太郎の女《むすめ》でそのむかし義朝に愛された女性であった。義朝の死後、平氏の者との交りをきらい奥州に下る途中秀衡の郎等の信夫小大夫に出会い、その間に二人の子息をもうけたという。彼女は義経との浅からぬ奇縁におどろきながらも、三郎継信《つぐのぶ》・四郎忠信《ただのぶ》の兄弟を従者としてさし出した。後年義経の親衛隊として活躍したといわれる佐藤兄弟とは彼等のことであった。その後、多賀国府をへて吉次とともに奥州入りをはたした義経は、秀衡と面会する。

❖義経の従者たち

この『平治物語』では奥州への道すがら義経は何人かの家来を得たとする。奥州下向のおり、義経は上野国松井田に立ち寄るが、その宿の主人は大剛の者であった。そこで義経は彼を従者とする。伊勢三郎義盛《よしもり》である。彼は伊勢鈴鹿山の山賊の出身とされ、また例の金売吉次こそが、堀弥太郎景光《ほりやたろうかげみつ》だということになっている。

室町期の『義経記』になると肉づけも豊かで海道下りの描写も詳細をきわめ、伝説が伝説を生む世界となる。そういえば武蔵坊弁慶はこの『義経記』の産物であった。熊野生まれとされる彼の活躍はこの書物のハイライトといっていいだろう。熊野・弁慶のラインに山伏らにより

牛若丸と弁慶の出会い（江戸時代の版本より）

広げられた室町の時代気分が体現されている。弁慶とならび義経の家来として獅子奮迅《ししふんじん》のはたらきをするのが、あの佐藤兄弟である。屋島の戦いや義経の没落後の吉野の戦いでの雄姿は圧巻である。これらの人物は義経の家臣として生死をともにした者たちとして描かれているが、それにしても、いずれもその出自はあやしい連中が多いようだ。

先の伊勢三郎義盛は、伊勢鈴鹿の山賊の出身だろうし、武蔵坊弁慶や常陸坊海尊《かいそん》などは僧兵と考えていいだろう。また金売吉次こと堀弥太郎景光の人物像も広域商人のイメージが強い。義経の親衛隊を構成する彼等はいずれもが、山賊・僧兵・商人といったアウトサイダーであった。諸国流浪のうちに義経はこうした人々との交流を深めたのかもしれない。もっともそうした義経主従の中でも、前述の佐藤兄弟は事情を異にしているようだ。その出自はたしかにはっきりしないが、一応は奥州藤原氏との関係が強かった。この兄弟については、その父を秀衡の郎等信夫小大夫とするものや『参考源平盛衰記』のように佐藤庄司《しょうじ》基春《もとはる》とするもの、あるいは湯ノ庄司とするものと様々であるが、いずれも同一人をさすことは疑いない。

❖気になる脱話

佐藤兄弟に関連してここでやや気にかかる説話を紹介しておく。鎌倉時代に成立した説話集に『古事談』と『十訓抄《じっきんしょう》』がある。この説話集の中に信夫郡の有力者で大庄司季春《すえはる》なる人物のことが描かれているが、あるいはその名前から推してこの佐藤兄弟の先代かこれに近い縁者と考えられないこともない。

この話の舞台は十二世紀初頭の陸奥《むつ》国信夫郡。登場人物は信夫郡の豪族大庄司季春、奥州藤原氏の二代目基衡《もとひら》、そして陸奥国守として下向した藤原師綱《もろつな》の三人が設定されている。ストーリーはこうだ。白河院に近仕していた師綱が陸奥国司として赴任したが、当時この国は基衡の事実上の支配下にあり「国威なき」ありさまだった。国司の責務を果たそうと師綱は先例を無視し田地を検注しようとしたが、基衡の命令を受けた大庄司季春がこれを阻止し、合戦に及んだという。季春のこうした行動に怒りをなした国守師綱は、季春の主君にあたる基衡に善処を申し入れる。事態を察した季春は、基衡にわが首を国司方に差し出すようにと申し出で、ことは落着をみた、という内容である。

この説話に載せる内容が事実か否かは問題だとしても、登場する人物はいずれも実在してい

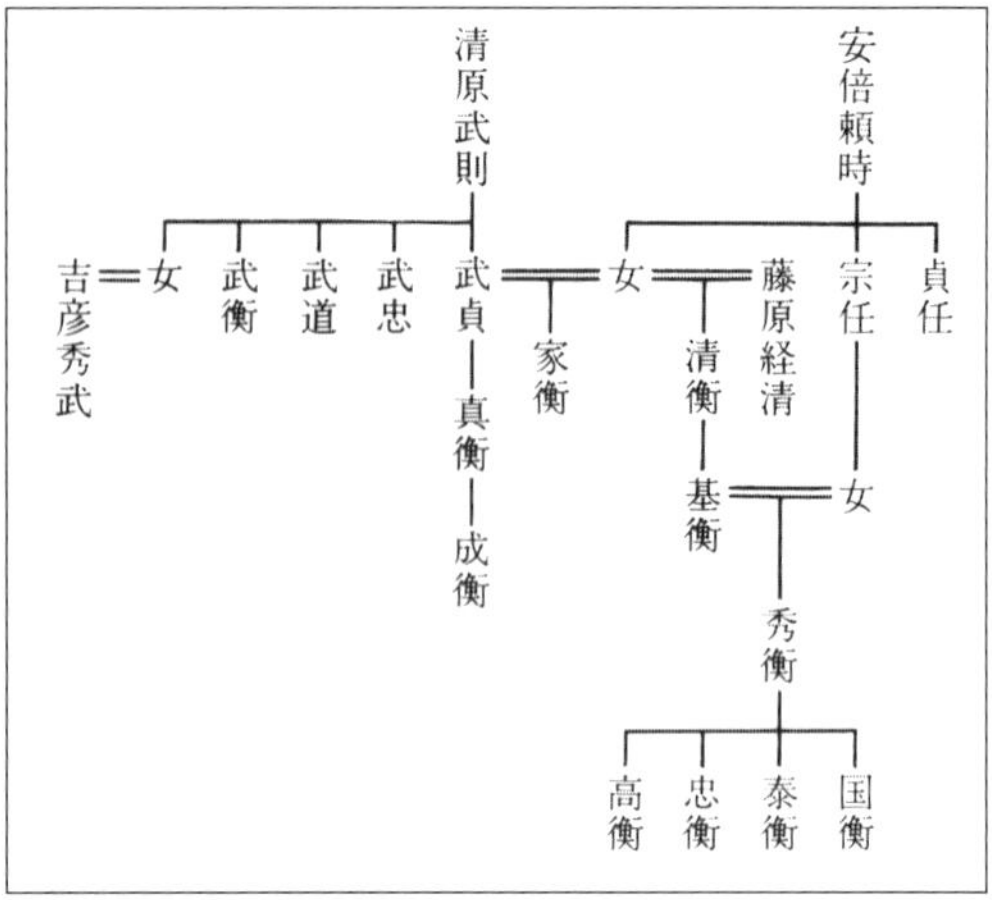

安倍・清原・藤原氏略系図

る。この説話では基衡と季春は主従の関係にあったが、義経の佐藤兄弟の父は秀衡の郎等とされており、同じ信夫郡ということでもあり、世代的にいえば、基衡—季春（信夫郡大庄司）、秀衡—基春（信夫小大夫）は何らかの関係がありそうである。

もう一つこの説話で注目したいのは、『十訓抄』ではこの奥州藤原氏の基衡のことを「在国司」と表現していることだ。「在国司」というのは国司の職務を在地で請け負う現地の有力者を指す名称で、平安末期以降にしばしば見うけられるようになる。つまり在地の国司とか在庁の国司の総称と考えられている。

一般に地方行政を担う役所＝行政機関を国衙《こくが》といい、この国衙につめる官人たちを在庁の官人といった。平安末期の段階になると国司が現地に赴任せずに、国務全般は現地の有力者に委任するケースが多くなり、彼等は国衙の公権につらなり領主的風貌を持つに至る。こうした在庁の官人たちのうちでも一国内で伝統的な影響力を保持したものを「在国司」と呼んだ。やや難しい内容になったが、要は正式の国司に代わり地方の国務を委された有力在庁のことであり、いうなれば〝裏国司〟とでも表現した方がわかりやすいかもしれない。

『十訓抄』で基衡を「在国司」と呼んでいることは、奥州藤原氏が陸奥国全体にわたり絶大なる影響力を持っていたことの証《あかし》でもあった。義経がその前半生と晩年のわずかながらの期間をこの地ですごしたというのは、あらゆる意味で興味深い。義経の時代は「在国司」的存在であった基衡の遺産を受け継いだ秀衡とその子泰衡《やすひら》の時代であった。

❖平泉の義経

平泉に入った義経に対し秀衡は「もてなしかしづき奉らば、平家にきこえてせめあるべし。出し奉らば、弓矢のながき疵なるべし、おしみまいらせば、天下の乱なるべし……」(『平治物語』)と語ったという。これによる限り、秀衡自身、義経の処遇には困ったことだろうと想像される。公然と彼をかくまえば平家への聞こえもあるし、これを追い出せば弓矢を取る身として世間に恥をさらすことになるということだろう。

秀衡の思惑については想像の外であるにしても、右の言葉は正直な実感だったかもしれない。これにつづけて秀衡は陸奥と出羽の両国は国司・目代のほかみな自分の支配下にあるから、しばらくはここにしのんでいるべきだと義経に諭《さと》す。ところが『義経記』になると、秀衡の配下でもあった吉次にともなわれ平泉入りした義経に対し、病床にいた秀衡が泰衡・忠衡《ただひら》の子息を招き装束を正しくし、君臣の礼をもってこれを迎えたとなっている。「両国の大名三六〇人を選《すぐ》りて、日々垸飯《おうばん》を参らせて、君を守護し奉れ」（巻二）と語ったとあり、文字通り垸飯振舞の日々が続いたという。

『義経記』が後世のものである以上、鎌倉の平泉に対する優位性を前提とした意識がそこに投影されていることは疑いない。十二世紀の段階で秀衡が義経に主従の礼を尽くし迎えたかどうかは不明である。以上の話はともかくとして、義経が頼朝と黄瀬《きせ》川で会う以前は、この奥州の地で幾ばくかの歳月を送ったことは事実であろう。

❖義経は美男か？

それでは義経の容姿はどんなものだったのか。一般には義経は美男でとおっている。『平治物語』での秀衡が義経との対面の場面で「みめよき冠者殿《かじゃどの》なれば、姫もたらむ者は、むこにも取り奉り……」と語っていることから、そうしたイメージも強まったのであろう。

ただ、『平家物語』などには「九郎は背の小さき男の、色の白かんなるが向歯《むかうば》の少し差出て、殊に著《しる》かんなぞ」とされているところから見ると、必ずしも美男とはいえないようでもある。こうした『平家物語』の義経像は『義経記』にも受けつがれ、「色も白く、向歯の反りたるなどしたる者をば、道をも直《すぐ》にやらず、判官殿とて搦《から》め置きて、糺問してぞひしめきける」（巻七）との描写となっている。

どうも、背が低く、色白・出歯というかなり個性豊かな容姿であったらしい。千人の美女から選ばれた常盤を母にもつ義経ならば、さぞや美男だったに違いないと思うのは「判官贔屓」というものであろうか。敗れし者、非力な者への思いやりが、義経のイメージをふくらませたことは間違いなさそうである。ここで義経の姿を想像してみても、埒《らち》があかない。伝説は伝説としてしまっておく方が無難だろうか。

先を急ごう。再び『義経記』の世界である。秀衡の保護下にいた義経は十七歳になったとき、「都へ上《のぼ》らばやとぞ」思い立ち密かに京へと旅立つ。途中伊勢三郎のところで休み、東山道をへて木曽義仲《きそよしなか》と「謀叛の次第」を打ち合わせ山科《やましな》に到着したという。史実にたいする節度云々をここで問題にしてもはじまらない。「御伽草子」的な室町気分を代弁する壮大な作り話こそ、この作品の価値である。

❖鬼一法眼

話は大きいほどおもしろいが、とりわけ、鬼一法眼との対決部分は出色である。秀衡のもとを辞し京都に入った義経は鬼一法眼という陰陽師《おんみょうじ》のところに赴き、ここで兵法を盗み出し、弁慶を家来に再度奥州にもどってくる。『義経記』全八巻のうち、巻二にこの鬼一法眼のことが、また巻三に弁慶のことが詳しく書かれている。軍記物とはいえ、この作品では義経の対平氏攻略の場面はなく、巻四以降はいずれも追われる義経主従で終始している。

伝説としてのふくらみの部分からすれば、謎多き彼の前半生と逃亡者としての晩年に筆をそそいでいるわけで、義経活躍の史実部分は他の軍記物にゆずるという形をとっている。ともかく『義経記』のおもしろさはその奇想天外さにある。その点で例の鬼一法眼の存在は、この作品の大きな味つけとなっている。「その比《ころ》一条堀河に陰陽師法師に鬼一法眼とて文武二道の達者あり、天下の御祈禱《きとう》して有りけるが、これ（『六韜《りくとう》』）を給はりて秘蔵してぞ持ちたりける」（巻二）。義経はこの鬼一法眼の秘蔵にかかる兵書『六韜』を義経に想《おも》いを寄せる法眼の娘の手引きで写しとる。これを知った法眼は妹婿で白河の印地《いんじ》（石合戦）打ちの大将湛海《たんかい》に追撃させるが、逆に義経にやられてしまう。

この恋と武勇の冒険談は「御曹司島渡り」になると、兵法を盗みに義経は鬼の千島に行き、鬼の娘朝日天女《あさひてんにょ》が秘蔵の巻物を御曹司義経に与えるというストーリーとなる。ここでは鬼の千島に出航する場所が土佐となっているが、これは明らかに東北の十三湊《とさみなと》のことをイメージしたもので、中世における蝦夷地＝北海道との接触という歴史事情の反映でもあった。

その点はしばらくおくとして、『義経記』の鬼一法眼の話で注目されるのは、彼が一条堀河に住んでいた陰陽師であったということである。この地は一条戻橋《もどりばし》があり、平安時代天下の陰陽師としてならした安倍晴明《あべせいめい》の因縁の場所だ。

また戻橋は例の源頼光の四天王渡辺綱《わたなべのつな》の鬼退治の説話としてもなじみが深い。都大路の暗殺者たちとでも呼びうるような平安武者の生態は『今昔物語』の世界に詳しいにしても、どうも陰陽的おどろおどろしさが、ついてまわる。

実は先に引用した鬼一法眼のくだりについても、彼の手元に秘蔵されている兵書＝『六韜』の所伝を『義経記』はこう説明する。「爰《ここ》に代々の御門の御宝、天下に秘蔵せられたる十六巻の書有り。……本朝の武士には、坂上田村丸、これを読み伝へて、あくじの高丸を取り、藤原利仁《としひと》これを読みて赤頭《あかかしら》の四郎将軍を取る。それより後は絶えて久しかりけるを、下野の住人相馬の小次郎将門《まさかど》これを読み伝えて……それより後は又絶えて久しく読む人もなし。ただいたづらに代々の帝の宝蔵に篭め置かれたりけるを、その比一条堀河に……」と。田村丸→利仁→将門と伝えられた兵書は陰陽師鬼一法眼に、さらに義経へと渡ったことになる。『義経記』では、彼等はともに「本朝の武士」とされている。

❖芸を世にほどこす

それでは武士とは何か。この平凡にして当たり前の問いに答えるのは、なかなかむずかしい。が、これを考えるための材料が『義経記』冒頭に見えている。「本朝のむかしをたづぬれば、田村、利仁、将門、純友、保昌、頼光、漢の樊噲《はんかい》、張良《ちょうりょう》は武勇といへども名をのみ聞きて目には見ず、目のあたりに芸を世にほどこし、万事の、目をおどろかし給ひしは、下野の左馬頭《さまのかみ》義朝のすえの子、九郎義経とて、わが朝にならひなき名将軍におはしけり」。この部分が『平家物語』の「近く本朝をうかがふに……」とのひそみにならったものであろうことは、容易に想像されよう。

ここでもまた、われわれは田村・利仁というかつての、〝征夷《せいい》将軍〟と〝新羅《しんら》将軍〟となった両人に出会う。さらに保昌・頼光という〝都ノ武者〟へと連なり、義経へと流れてゆく。ここに貫流するものは何であるのか。それを「目のあたりに芸を世にほどこし」と『義経記』では説明している。「田村・利仁が鬼神を攻め、頼光・保昌が魔軍を破せしも或は勅令をかた取り、或は神力を先として武威のほまれを残せり」(『保元物語』)ともあるように、彼等はいずれも「鬼神」や「魔軍」を破った説話的世界の主人公なのである。

これに比べ、「承平《じょうへい》の将門、天慶《てんぎょう》の純友《すみとも》、康和《こうわ》の義親《よしちか》、平治の信頼《のぶより》」、そして清盛へとつづく『平家物語』の書きぶりは、「おごれる心」と「たけき事」の推移であった。この両者の違いは、軍記物という共通の性格を持ちながらも、対象とした世界を異にするという点であろう。要は〝武〟を〝芸〟としての個人的資質の尺度でとらえる『義経記』と、〝盛〟ないし〝衰〟という尺度で解そうとする『平家物語』ということもできる。

確かに一方が義経という個人を、他方が平家とこれを取りまく人々の群像というように、それはある意味では〝小説〟的と〝大説的〟世界の違いと考えることもできる。その点では時代を無視した『義経記』の武士観の方が武士なるものの本質をより正しく伝えているのかもしれない。「芸を世にほどこす」という先の記述は、諸芸の一つとしての武のことであり、職能としての武のことと理解される。もっといえば、それは特殊技能にも通ずるもので、この面であるいは陰陽的世界と同居し得る部分があるのではなかったか。義経の入った鞍馬が陰陽道とも関係の深い霊山であったことも、このさい参考になろう。ともかくも陰陽師鬼一法眼に連なる武の系譜とは、最終的にはどうもこのあたりに落ちつくのではないか。

❖武士とは何か

武士とは何か、依然として解答は見い出されていない。話が少しこみ入ってきたがもう少し説明をつづけたい。実は今日の中世史の学界には武士論を考えるに当たり二つの考え方がある。一つは武士＝領主論ともいうべき理解に立ち、武士の実像を考える立場、そしてもう一つは武士の本質を職能論という立場で解するもので、これは非領主制論に連なる考え方でもある。むずかしい議論をぬきにして、以下四捨五入的に話をすすめる。

まず前者の領主論に立つ考え方は、典型的な武士のイメージを在地領主に求める理解であり、中世社会移行への推進母胎としての武士の役割を重視する立場である。つまり鎌倉的な中世武

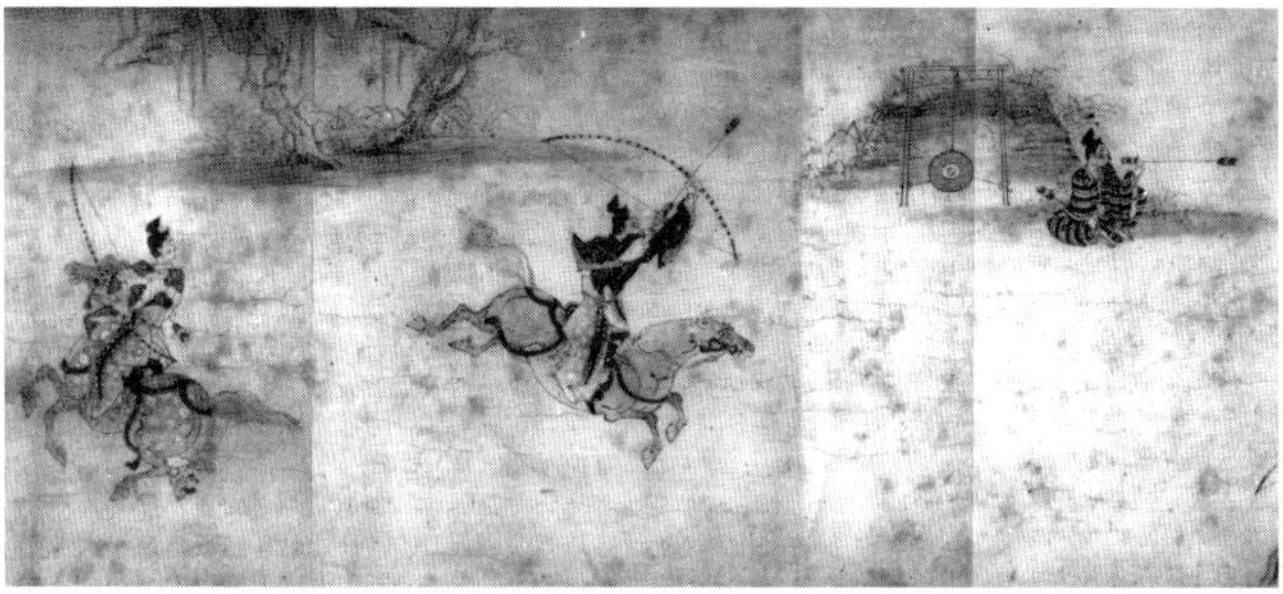

武芸の鍛練・笠懸（男衾三郎絵詞、文化庁保管）

士、ここに武士の典型を求める理解である。戦後の学界の指導理念となったこの考え方は、今日通説的地位を与えられている。

他方では武士の有する経済的側面（＝領主的）のみでは、武士の本質規定としては不十分だという見解も提起され、職能としての武芸自体への着目が重要だという指摘も注目されるようになってきた。つまり領主以前の武士の生態が問題にされるに至ったわけで、平安期も含めて、武士全体に共通する属性を考えようとするところから出発した理解ということになる。武士＝職能論として一括されるこの考え方が、在来の武士論に新風を与えたことは疑いないにしても、しばしば混乱を招くのは、領主論と職能論の両者を対立的なものとして把握し、〝あれか〟〝これか〟式で武士論を組み立てようとする問題の立て方にある。集合的図式をかりれば職能的要素の中に領主的要素を入れての武士論の方が生産的だろうと思う。

別の言い方をすれば「芸を世にほどこす」という職能的武士像を、〝分母〟に据えた上で、中世固有の領主的武士を〝分子〟におく考え方といってもよい。〝あれも〟〝これも〟方式での問題の立て方の方が領主以前の古代的武士も、在地領主以後の近世武士も、共通分母としての職能論で把握できることになろう。

その意味で『義経記』の世界に描かれている武士像は、まさに職能的観点からの武士といってよいわけで、それはもっと言えば〝義経的〟とも〝武者的〟とも形容できそうな武士像と言えないこともない。ここで〝武者的〟という語を用いたのは、武芸的要素を軸に武士の実態を解する場合、語のひびきからは「鬼神」「魔軍」を破った田村麻呂以下頼光が〝武者的〟なる形容に似つかわしいと思うからである。『義経記』が時代と無縁な武士像を提出しているが故に、〝武〟の本質が結晶化されているとの前述の指摘は、この点にかかわっている。

とすれば『平家物語』の世界は何か。賢明な読者ならば、ここで私がいいたいことを推察していただけるだろう。時代に密着した『平家物語』の方がより〝大説〟的であるという意味も、武士世界到来の歴史的必然を語っており、それはある意味では、階級としての武士の動きが問題とされるわけで、煎じつめれば〝清盛的〟あるいは〝頼朝的〟な中世固有の時代像につながるとみてよいのだろう。少し大風呂敷を広げすぎたかもしれないが。

要は『義経記』的世界を武士像という面で切るならば、職能的要素が濃厚だということである。義経が、あるいは義経的武士像が時代を越えて生きている意味をこのように考えることが許されるとすれば、われわれに必要な武士像とは〝領主的〟なものと〝非領主的〟なものの両様なのであり、決して一方が他方を排するといったものではない。

❖義経的と頼朝的

〝伝説が語る〟義経について、この章では、『平治物語』や『義経記』を素材に考えてきた。さきに導き出した武士像がどこまで妥当かどうか、保証の限りではないが、そこには「芸を世にほどこす」義経的武士観が依然として生きている点を予想できた。が、一方では所領を媒介として成立する領主的尺度からの武士観も存在する。これをかりに頼朝的武士観とよぼう。領主的・中世的・鎌倉的と形容できそうな、武士団の世界に固有なあの武士像も存在する。われわれが次に問題としなければならない義経は、この史実に密着した形での義経像である。それは伝説から離れた上での〝大説的〟な義経といってもよい。

義経が兄頼朝と対面するまでの確かな部分は、ほんのわずかしかない。その確かな部分を最後に確認しておくと、平治元年に義朝を父に、常盤を母に生まれた義経は、二歳で父を失い、母に抱かれ二人の兄とともに大和国宇多郡にのがれた。その後、母が一条長成と再婚し、義経は鞍馬山に登った。十六歳前後の頃、彼は鞍馬を下山し、何者かに導かれ奥州の藤原氏のもとに赴いた。数年間、秀衡の保護を受けた後、兄頼朝の挙兵を聞き、関東へとやって来る。伝説を排しての義経の足跡とは、たかだかこの程度なのである。

ここにはあの伝説に彩られた牛若丸的遮那王の世界はない。饒舌《じょうぜつ》な伝説と寡黙《かもく》な史実との間にどのような義経像を見い出し得るのかは、今後の課題となろうが、ともかくわれわれはここで伝説的な義経にはひとまず別れを告げなくてはならない。

Ⅱ

源九郎義経・頼朝・鎌倉

黄瀬川の対面

❖「懐旧の涙」

本章では史実としての義経以前の牛若丸的世界から離れて、源九郎としての彼について語りたい。時期的には治承四年（一一八〇）十月から頼朝代官として義仲追討のため鎌倉を発つ寿永二年（一一八三）閏十月までの三年間。舞台は東国鎌倉ということになる。『吾妻鏡』が義経について最初にふれているのが、黄瀬川での兄頼朝との面会場面である。

今日弱冠《じゃっかん》一人、御旅館の砌《みぎり》にたたずみ、鎌倉殿に謁《えっ》し奉るべき由を称《とな》ふ。実平《さねひら》（土肥）・宗遠《むねとお》（土屋）・義実《よしざね》（岡崎）等これをあやしみて、執啓《しっけい》（取りつぎ）すること能《あた》はず。剋《とき》を移すのところ、武衛《ぶえい》（頼朝）みずからこのことを聞かしめ給ひ、年齢の程を思へば、奥州の九郎か、早く御対面あるべしてへり（と言えり）。よって実平かの人を請《しょう》ずるに果して義経主《ぬし》なり、すなはち御前に参進し、互ひに往事を談じ、懐旧の涙を催す…

『吾妻鏡』の鼓動が伝わりそうな一節である。日本画家安田靫彦《ゆきひこ》氏の「黄瀬川の陣」（一九四〇年作）の絵画的世界を連想される読者も多かろう。

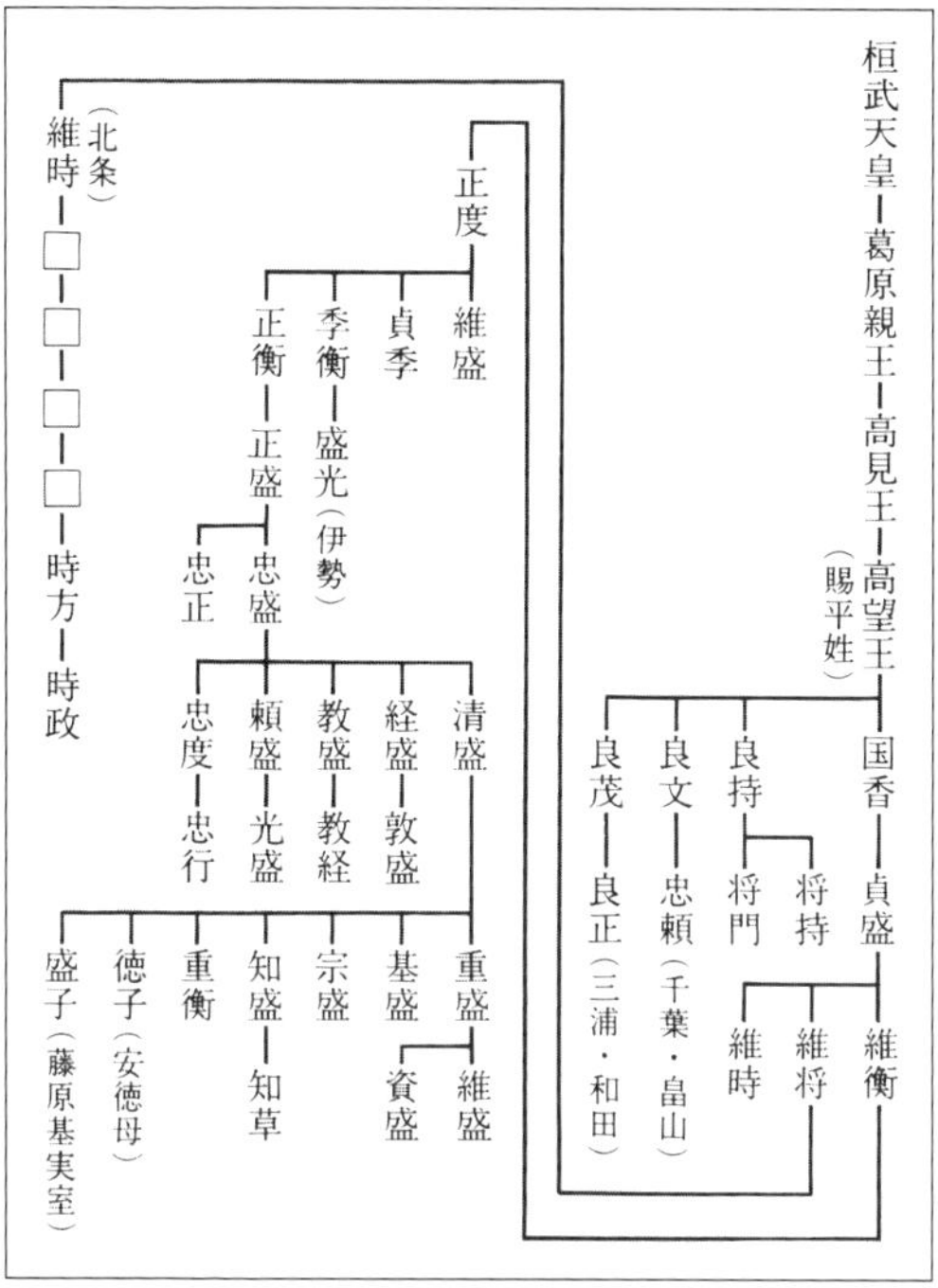

桓武平氏略系図

兄弟の懐旧の涙は、数年後には憎悪のこぶしとなるが、それはともかく、この時、義経は二二歳、治承四年十月二一日のことであった。『吾妻鏡』は再会の模様を右のように語っているが、とくに頼朝の喜びはひとしおではなく、その昔、後三年合戦に苦戦する義家のもとに弟の義光が官職をすてて駆けつけ敵を滅ぼした故事をひき合いに出し、「今の来臨《らいりん》は、尤《もっと》もかの佳例（めでたい先例）に協《かな》ふ」と感激の面持ちだったという。

ここにはまた義経の幼少期のこと、鞍馬入山後、奥州へと下向したこと等々、往事のことも述べられており、史実に近い彼の姿が語られている。その奥州でのことを「秀衡の猛勢をたのみ、奥州に下向して、多年を歴たるなり。しかして今武衛宿望を遂げらるるの由を伝え聞き、進発せんと欲するのところ、秀衡強く抑《おさ》へ留むるの間、密々にかの館を遁《のが》れ出でて首途《かどで》す。秀衡悋惜《りんせき》の術《すべ》を失ひて追ひて継信・忠信兄弟の勇士を付け奉ると云々」と述べている。『吾妻鏡』のこの記事を信ずる限り、秀衡が関東へ赴く義経に対し、強くこれをおしとどめようとしたことが窺える。

おそらく頼朝旗上げのことや、石橋山合戦での敗走の報もキャッチしていたであろう秀衡が、行く末定《すえさだ》かではない関東の政情を憂慮したうえでの行為であったのかもしれない。が、ともかく奥州を密かに脱した義経に「悋惜の術」を失った秀衡が、佐藤兄弟を付したことも事実とみてよいだろう。

❖内乱の勃発

頼朝との対面後の義経の、鎌倉での動向を語る前に、頼朝により樹立される関東の新政権の成立事情を述べておきたい。以下、年表風に略述する。

平治の乱の翌年、頼朝は伊豆に配流されてから挙兵まで二〇年の春秋をこの地で送った。こ

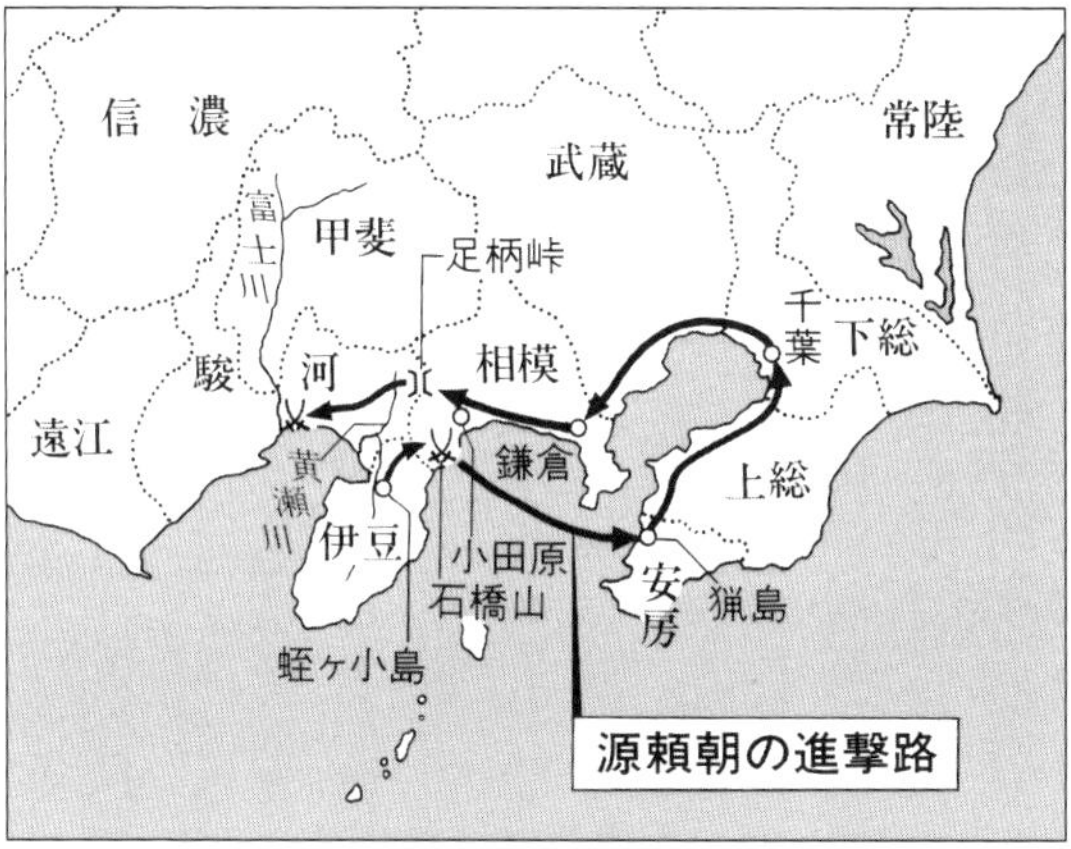

源頼朝の進撃図

の期間はまた中央では清盛以下平氏一門の栄華の歳月でもあった。仁安《にんあん》二年（一一六七）五〇歳で太政大臣に就任した清盛は、一族を公卿《くぎょう》に取り入れ、平氏の政権掌握にむけて、その地歩を固めつつあった。こうした清盛の平氏一門の前途に翳りも見え始めた。後白河院を中心とする反平氏の気運は、その後、治承元年（一一七七）六月の清盛打倒の陰謀となってあらわれた。鹿ケ谷《ししがたに》の変とよばれるこの事件をきっかけに、清盛と後白河院との対立関係は一層深刻さを増した。翌年の清盛の女徳子《とくこ》（建《けん》礼門院《れいもんいん》）による皇子（安徳《あんとく》天皇）誕生は、この両者の関係をさらに決定的なものとした。

外祖父の地位を得た清盛は治承三年十一月、院の近臣を解官《げかん》し、後白河院を幽閉することになる。このクーデタによって王朝国家の権力中枢を握った清盛は、翌年の春には安徳天皇を即位させることに成功した。が、こうした過激な方策に対して、貴族内部や有力寺院の反発も強く、反平氏への気運を一層増幅させることになった。

こうした中で同年五月源頼政《よりまさ》と後白河院の皇子以仁王《もちひとおう》が挙兵

した。この以仁王の挙兵は失敗に終わったものの、王の令旨《りょうじ》は、平治の乱後諸国に逼塞《ひっそく》を余儀なくされていた源氏の勢力に大きな活力を与えるものとなった。ここに源平の争乱が開始されることになる。治承・寿永の内乱ともよばれるこの変革の過程を通じ関東の武家政権は成立する。

伊豆の頼朝のもとに以仁王の令旨が到達したのが四月、これに呼応した頼朝の挙兵が八月のことであった。緒戦で伊豆国目代《もくだい》の山木兼隆《かねたか》を倒すが、その後の石橋山合戦では敗退する。房総へとのがれた頼朝は千葉常胤《ちばつねたね》・上総広常《かずさひろつね》などの有力者を麾下《きか》におさめ、同年十月鎌倉に入った。この時期、信濃木曽谷に兵を挙げた義仲も含め、各地域での源氏の蜂起が相ついだ。

こうした情勢に対応するために京都では頼朝追討軍の派遣が決定され、平維盛《これもり》らを大将軍とする東征の軍が出発した。九月二九日のことである。かくして東西両軍の本格的武力衝突が富士川をはさみ展開されることになる。有名な富士川の戦いである。武田信義《たけだのぶよし》をはじめとする甲斐源氏との共同戦線をはるべく、十月十六日鎌倉を発した頼朝軍は、足柄峠を越え、十八日に駿河の黄瀬川に進軍し、その後富士川西岸に布陣した平氏軍と対峙した。源氏のこうした動静に対し、追討軍の意気はあがらず、二〇日夜半平氏軍の背後に迂回した甲斐源氏の奇襲により、全軍敗走の事態となった。例の水鳥の羽音を夜襲と思い、平氏が敗北したとする話は、このときのことである。

以上が『吾妻鏡』その他の諸記録より判明する内乱勃発までの状況である。義経・頼朝の対面はこの富士川の戦いがあった翌日のことであった。

頼朝のけじめ

❖鎌倉の九郎主

黄瀬川での対面以後、鎌倉での義経の行動を知る手がかりは乏しい。華々しい義経の活躍はやはり、数年後の義仲追討軍として上洛する時までまたねばならない。

源家一門として九郎主とよばれた彼の立場は、頼朝の舎弟として、それなりに一目おかれたことだろう。だが兄である頼朝にとっては、義経にそれなりの配慮があったとしても、一面では一般武士と同列に扱わなければならない。東国の豪族的武士を従者として、そこに強力な主従関係をつくり上げようとする鎌倉殿頼朝にとって、義経の処遇は家人＝家臣以上を越えてはならなかった。

義経の立場はその意味で微妙なものがあった。『吾妻鏡』にはこうした頼朝・義経の立場を知る上で興味ある話が載せられている。養和元年（一一八一）七月の鶴岡八幡宮若宮上棟式で

現代の鎌倉市街

のこと。頼朝は義経以下、名だたる家人たちとともにこれに臨んだ。そのおり、造宮に功のあった工匠《たくみ》たちに馬を賜わることとなった。「大工の馬を引くべきの旨、源九郎主に仰せらるる」との頼朝の命に対し、義経は「折《おり》節《ふし》下《しも》手《て》を引くべきものなき」としてこれを一応辞退した。これに対して頼朝は卑しい役であるからと思い、いろいろ理由をつけこれを辞退するだろうとして、義経の態度を強くたしなめたという。その模様を『吾妻鏡』は「これ併せて所役卑下《ひげ》の由を存じ、事を左右《そう》に寄せ難渋《なんじゅう》せらるるか、てへれば九郎主頗《すこぶ》る恐怖し、すなはち座を起ちて両足を引く」と見えている。頼朝の峻厳なる態度の前に義経は立場を失った。

　鶴岡八幡宮の造宮は東国武士を精神的に結びつける上で必要な儀式であり、政治的・宗教的デモンストレーションでもあった。上棟の式典にあたり、鎌倉殿として臨まなければならない頼朝であったが、義経はそれが見えなかった。舎弟《しゃてい》意識の故か、彼はそこに兄としての頼朝を見ていたのだろう。むろん、これを『吾妻鏡』一流の演出と考えることもできようが、しかし後年における義経の種々の行動を考え合わせると、自己に正直すぎる彼の弱点が、右の話の中によく示されていることは確かだろう。

❖鎌倉殿のけじめ

右の話は頼朝の義経に対するけじめを示したものであろうが、このけじめはどんなに功績があった有力御家人に対しても平等であった。養和元年六月というから、右の事件から一ヶ月程前のことになる。頼朝が相模《さがみ》の三浦海岸を逍遥したおり、三浦義澄《よしずみ》・義連《よしつら》らがこれを大いにもてなしたことがあった。ここには「陸奥冠者以下御共に候ず」とあり、この陸奥冠者を義経のことだとする見解もあるが、別人(毛利頼隆《もうりよりたか》)をこれにあてる考えも強い。いくら奥州にいたとはいえ、義経を「陸奥冠者」と呼んだかどうか疑問も残るが、この点は以下の話と直接かかわるわけではない。

ともかくその三浦遊覧のとき、上総《かずさ》の有力御家人上総介広常に対し、三浦義連が下馬する旨の指示を与えた。「公私とも三代の間、いまだその礼を成さず」とは、その時に広常が広言したことばであるが、関東での豪族的領主上総一族の意気込みも伝わる。彼は石橋山敗戦後、房総に逃れた頼朝を千葉介常胤とともに補翼《ほよく》した中心人物である。

上総介、千葉介の肩書きからもわかるように、彼等は国司の介《すけ》を与えられた名族で、いうなれば「在国司」的存在といってよいだろう。ともかく名族としての自負がかかる行動をとらせたことは疑いない。多分にそれは広常個人の資質によるところが大であったとしてもである。果たして、彼は頼朝にその後誅《ちゅう》された。もちろん三浦逍遥での一件が引き金ではないが、「広常の体《てい》、また物の儀に叶《かな》はず」との尺度が当てはめられたためだった。

義経にしろ、この広常にしろ鎌倉殿への服従を要求するけじめであることにかわりはない。死のけじめという点ではこの義経の場合も最終的には広常と変わるところがない。それにしても、この広常について死を以て贖《あがな》わなければならぬ程のけじめが必要だったのか。権力の非情さという一語で、これを片づける前に、もう少しそのあたりの事情について考えてみるのも無駄ではなかろう。この問題はあるいは底流で義経論と通ずるかもしれないからである。

❖二つの路線

広常が殺されたのは、寿永《じゅえい》二年（一一八三）の十月頃、有名な十月宣旨《せんじ》が頼朝に与えられた段階である。『愚管抄《ぐかんしょう》』によると頼朝は後年この広常を誅した理由について「トモシ候へバ、『ナンデウ朝家ノ事ヲノミ身グルシク思ゾ、タダ坂東ニカクテアランニ、誰カハ引ハタラカサ

源頼朝（甲斐 善光寺蔵）

ン』ナド申テ、謀叛心ノ者ニテ候シカバ……」（巻六）と語ったという。ここには「坂東ニカクテアラン」という広常の主張と、これを「謀叛心ノ者」とする頼朝の立場が鮮明に語られている。広常の立場は頼朝が朝家のことばかり気にしているのは、見ぐるしい。ただ坂東の独立のみを考えていればよいではないか、という坂東＝東国独立の主張にあった。

この考えは一人広常のみのものではなかった。千葉・三浦といった関東の有力御家人に共通する立場だった。政権構想における頼朝的立場と広常的立場は先述した富士川の戦い直後にも見られる。『吾妻鏡』によると敗走する平氏の軍勢に対し、これを追撃し一挙に京都にのぼろうとした頼朝に対し、まずは関東の経略こそを一義とすべきであり、東国の情勢不安定な折に上洛は時期尚早だと主張し、広常以下常胤・義澄らの有力武将が頼朝の方針を撤回させたことが見えている（治承四年十月二一日条）。頼朝はとりあえず彼等の主張を受け入れ、以後関東の経営に専念することになる。

重要なことは、鎌倉政権成立間もない、この段階において、既にこの二つの路線が見え隠れしている点である。挙兵当初より頼朝が一貫して主張してきたのは、以仁王の令旨の存在であった。これを挙兵の旗じるしとして権威の源泉とした。その意味で頼朝の目的はすみやかに京都にのぼり、平家を駆逐《くちく》し、朝廷の権威を回復させることであった。いわば王朝政治を再建することが頼朝の立場で、これと対抗したり否定したりする考えは、挙兵当初よりなかったと見てよいだろう。こうした点をすり合わせれば、富士川合戦後に表面化した広常に代表される東国独立路線と頼朝による王朝再建路線は、挙兵当初より存在したとみられる(佐藤進一氏『日本の中世国家』岩波書店)。広常誅殺はこうした鎌倉内部の矛盾の清算を意味したことになる。『愚管抄』に見る頼朝のことばは、右の事情の中で理解されねばならない。

その点では指摘されているように、広常の暗殺と東国独立(武闘派路線)の放棄は同一の流れにあったことになる。寿永二年十月宣旨の獲得にともない、従来私的な権力にすぎなかった鎌倉の政権が、この宣旨により初めて京都の王朝から東国に対する支配の権限を委ねられたことにより、公的なものへと脱皮し得たことと無関係ではなかった。広常に対する頼朝のけじめの意味を以上のようにより深いところで考えると、それは東国独立路線から王朝再建路線への転換として理解できる。

❖独立論と東国暦

このことを示すよい例がある。年号の問題である。頼朝は、実は挙兵以来ずっと〝治承〟という年号を用いてきた。この間、京都の王朝政権は養和、さらに寿永の年号へとかわっている。中国的思考を基準にすれば、年号とは天帝の専権に属するわけで、その年号を用いることは、国家の中心に位置する天帝＝天皇の支配に服すことでもあった。それ故に流人頼朝が以仁王の令旨に示された治承の年号に執着し、安徳天皇の即位改元によって建てられた養和（一一八一年七月）、その翌年の寿永（一一八二年五月）年号を拒否しつづけていたことは、鎌倉の頼朝にとって京都との協調路線（王朝再建路線）がいまだ現実のものではなかったことを意味しよう。頼朝の〝治承〟年号の使用はその意味で東国版頼朝暦とでも表現できるかもしれない。

そしてこの年号は実に〝治承七年〟（一一八三）にまでおよんでいる。この年は広常誅殺の年でもある。寿永二年（〝東国暦〟治承七年）十月宣旨が与えられ、頼朝は以後はじめて京都の年号を使うことになる。朝家への謀叛人として広常が誅殺されたことと、〝東国暦〟（それは東国独立路線の一つの象徴でもあろうが）の放棄はその限りで関連している。

後述するが、この寿永二年の七月、平氏は都を棄てる。そして同八月には平氏の安徳帝にかわり、新帝後鳥羽《ごとば》が即位する。このこともまた独立路線の象徴たる〝治承〟年号放棄の理由だったとされる。都落ちした平氏にかわり、源氏が王朝の守護者となるべき条件が成熟していたのである。貴種《きしゅ》の頼朝にとって、京都はやはり光源体であったに違いない。

有力御家人広常の粛清はその意味で鎌倉殿という御家人レベルでのけじめとともに、武家の棟梁として公家《こうけ》（朝家）に対する接し方のけじめでもあった。かくして挙兵当初よりあった二つの路線は頼朝を中心とする路線に一本化されることになる。

もう一人の義経、義仲・行家

❖二人の義経

話がどうもむずかしくなったようだ。再び義経にもどろう。彼が『吾妻鏡』に再度姿をみせるのは、まさにこの寿永二年十月宣旨の翌月のことである。彼は頼朝の代官として兄範頼とともに義仲追討のため西上の途につく。ただし、これ以前に義経関係の記事が全くないかといえば、そうではない。先の鶴岡八幡宮若宮上棟式の一件があった養和元年（一一八一）のこと、この年の十一月、平維盛の軍勢が再び東国を討つべく、東下《とうげ》するとの報に接したとき、頼朝は義経を同じく源氏一門の足利義兼《あしかがのよしかね》にそえ、近江《おうみ》国に出陣させようとした。

義経にとっては大軍を率いての初の出陣である。しかしこの出陣は維盛が近江より動く気配がなかったことと尾張《おわり》に叔父の行家《ゆきいえ》（義朝の弟）が軍陣を張っていることもあって、沙汰やみとなった。義経にとってはせっかくの機会ではあったが、ともかくこれにより頼朝が既にこの時期頃から弟義経の起用を徐々に考えていたことが窺われよう。以後、義仲追討軍として上洛するまでの期間、鎌倉の義経の様子はわからない。おそらくは来るべき戦さにそなえ、戦略を練る日々を過したことだろう。

だがこの時期、戦いに日々を過していたもう一人の義経がいた。彼の名は山本義経。近江国を拠点にいち早く反平氏ののろしを挙げた近江源氏の一流である。新羅三郎義光の五代の孫ともいわれる。源九郎義経が鎌倉にいたころ、こちらの方の義経は湖の国近江を中心に今でいうゲリラ戦を展開していた。京都の平氏にとってこの義経こそまことに小うるさい存在だった。かつてこの二人が同一人である可能性を指摘されたこともあったが、別人である。この同一人学説を単に史実関係での誤解と片づけることはできず、変革期に生きた二人の義経という視点から、これを考えるべきなのだろう。

同じ時期に活躍した二人の義経が担った役割といった点を考えるならば、この山本義経の方があるいは大きかったのかもしれない。この無名に近い義経とあまりにも有名な義経の落差はいったい何なのだろうか。伝説をつくり出せなかった無名の義経は、九郎義経よりはるかに〝土くさい〟存在であったろう。この〝土くささ〟は畿内周辺に出没し、ゲリラ戦術にひいでた山本義経と土民・民衆との結びつきの在り方を示すとの考え方もある（松本新八郎氏「源義経をめぐって」『中世の社会と思想』下所収、校倉書房）。反平氏の包囲網が展開される上で、この義経を中心とする近江源氏一党の活躍は、確かに目ざましいものがあった。

彼が記録に姿を見せるのは安元二年（一一七六）十二月の『玉葉《ぎょくよう》』の記事である。その後、勅免《ちょくめん》を得て近江宇津郷《うづごう》山本に帰った義経は、治承四年五月の以仁王・頼政の挙兵には、一族をあげて参加し、延暦寺・興福寺との共同戦線により平氏の軍勢をなやます。その意味ではこの義経は畿内周辺での内乱の火付け役の一人でもあったといってよい。そして、その義経も鎌倉にやってきた。

治承四年十二月十日のことである。近江で平氏の大軍に敗北して鎌倉入りした彼を『吾妻鏡』は「度を失って逃亡す」と冷やかに記している。この時、白顔の源九郎は当然鎌倉にいたはずで、真黒に日焼けしたであろうこの歳上の義経をどのような態度で見たのか知る由もない。鎌倉を離れた山本義経はその後、墨俣《すのまた》合戦に参加、木曽義仲の軍門に入ったことも伝えられるが、そうだとすれば、のちに鎌倉の義経と戦場でむかい合ったことになる。

❖木曽義仲のこと

源九郎義経はまだ鎌倉にいる。そしてもう一人の義経が活躍していた頃、鎌倉の頼朝は関東の経営に専念していた。富士川合戦で勝利をおさめた頼朝は広常以下の有力御家人の言をいれ、政情不安な北関東の平定にむかった。同じく源氏一門の佐竹《さたけ》征伐である。

この時期、東国の源氏勢力は決して一枚岩ではなかった。常陸の雄族である佐竹氏をはじめ、下野《しもつけ》方面には叔父の志田義広《しだよしひろ》が活発な動きをみせていた。さらに富士川合戦では共同歩調をとった甲斐源氏の一党も必ずしも頼朝に服したわけではなかった。これら諸国源氏の動静のなかでも、とりわけ頼朝が注視していたのは、信濃木曽谷に兵を挙げた義仲の動向であったろう。

義仲の挙兵は治承四年の九月といわれるが、実際には頼朝とほぼ同じ時期に蜂起した可能性が高い。東山・北陸道方面で破竹の進撃をとげる義仲の軍勢は、養和元年には越後の城長茂《じょうながもち》を破り、次第に独自の動きを示しつつあった。源氏の嫡流を自認する頼朝にとって、義仲の動きはやはり脅威であったに違いない。しかしこの段階では義仲と頼朝との関係はまだ危機的状況にはない。この両者が対立の度を深めたのは、寿永二年（一一八三）の段階であった。前年来からの養和の大飢饉は大規模な軍勢移動を不可能とした。頼朝も義仲の場合も、そして畿内の平氏でも事情は同様であった。

木曽義仲（義仲寺蔵）

養和元年から翌寿永元年にかけての大飢饉は、この三者に軍事的均衡を強いることとなったが、飢饉がおさまりかけた寿永二年春、一つの事件がおきる。甲斐源氏の武田信光が義仲の異心を頼朝に讒言《ざんげん》したというのである。『保暦間記《ほりゃくかんき》』によると、頼朝はこれがために同年三月大軍を発し義仲を攻めようとした、とある。『玉葉』はこの間の事情を「源頼朝・同信義（信光の父）等、東国・北陸を虜掠《りょりゃく》す」と記しており、このため驚いた義仲は、十一歳になる嫡子義高《よしたか》を人質として鎌倉に送ることになる。両者対立の兆しはこうした形で芽生えはじめていた。

そうした問題とは別に義仲と頼朝の間には宿命的な因縁もあった。義仲の父義賢《よしかた》は、頼朝の兄義平に殺されている。久寿二年（一一五五）というから、平治の乱勃発の四年ほど前のことである。義仲の父義賢と頼朝の父義朝は兄弟の関係にあり、両者ともにこの時期に関東で勢力の拡大をはかっていた。武蔵大蔵館《むさしおおくらやかた》の合戦での義賢の敗北は、こうした両勢力の対立事件の結果であった。その意味では宿命的ライバルとよべる関係がこの両者にはあったといっていいだろう。それにしても、この二人が対立するようになった原因は何であったか。これまで述べたことに誤りはないとしても、どうも叔父の行家の存在が引き金となったふしもある。後年、頼朝と義経の対立の引き金になったのもまたこの行家であった。

❖源行家のこと

そこで少し行家についても説明が必要であろう。語るには少し気の毒な感じがするほどこの人物の生涯は、悲劇的でもあり、また喜劇的でもあった。厄病神的イメージさえある彼の存在に歴史のユーモアさえ感ずるといえば、言い過ぎであろうか。戦さに出れば敗れること数度。義仲と頼朝、そして義経と頼朝の対立には、必ずこの叔父行家が介在していた。だが一面では、彼はオルガナイザー（組織者）としての風貌を持ち合わせてもいた。ある意味では行家は内乱の火つけ役の最大の功労者だったかもしれない。

為義《ためよし》の末子であった彼は、保元の乱後、熊野新宮《しんぐう》に住み、新宮十郎と号したという。『吾妻鏡』には八条院蔵人《くろうど》であった行家が以仁王の令旨をたずさえ、密使として伊豆の頼朝をはじめ、美濃《みの》・常陸《ひたち》などの諸国源氏の挙兵をうながしたことが見えている。その意味で彼の行動半径は大変広く、人的ネットワークもそれに応じ大きかったに違いない。頼朝から義仲へ、さらに義経と次々にパートナーをかえてゆく巧みさは、内乱期が生み出したもう一つの典型的人物とも言える。

この三人にとって行家は叔父である。この智謀にたけた叔父を頼朝は徹底して嫌った。〝乱〟を好むこの人物から距離をおいた頼朝の識眼とそれを持ち得なかった義仲・義経、という評価の仕方は、たしかに一つの見方であろう。

独立的行動も多かった行家が頼朝の信望を失ったのは、養和元年三月の墨俣合戦であった。平氏の総力をあげてのこの戦いは行家側の作戦のまずさも手伝って大敗北となった。敗走後、消息不明であった彼が鎌倉に戻ったとき、頼朝の態度は冷たかった。なにしろこの戦いのために派遣した弟の義円（義経の兄、かつての乙若）までもが討たれたのである。頼朝から疎外された行家は、しだいに義仲に接近していった。義仲はこの叔父を抱え込んだことで頼朝との協調に懸隔《けんかく》が生じることになる。

行家にもたしかに叔父としての立場からの自負もあったに相違ない。ただ固有の武士団を持たない彼の場合、〝渡り歩く〟武将としてのイメージも強く、その神出鬼没的行動が行家という人間を支えていた。ともかく行家は義仲についた。この行家の性格を語る上で『玉葉』には次のような話もある。寿永二年七月二八日、平氏西走後の都に入った義仲・行家は、院より蓮華王院で平氏の追討の命をうけたが、そのおり「かの両人、相並び、あえて前後せず、争権の意趣、これを以て知るべし」と見えている。要するにこの二人はともに互いを牽制し順番を譲らなかったというのである。

行家のこうした態度は、数日後の勲功の賞で彼は従五位下、備後守となるが、義仲の恩賞と比べ不満であったらしく、「行家、厚賞にあらずと称し、忿怨……閉門辞退すると云々」（『玉葉』同八月十二日条）と見えている。こうした性格の行家である。義仲との協調も入京後しばらくして破綻する。機を見るに敏なる彼は義仲の風評が院をはじめ王朝貴族にかんばしくないと知るや、これと離反し今度は、頼朝代官として義仲追討のために上洛した義経に接近する。

行家の政治的アンテナの高さは義経をとらえた。独自の武士団を持たないという点では両人は同様だった。

義経の試金石

行家に関連して、やや話が先走りすぎた。寿永二年である。この年義経は檜舞台に上ろうとしている。

❖寿永二年という年

この寿永二年という年は、義仲にとっても、また平氏一門にとっても、さらにわが義経あるいは頼朝にとっても忙しい年であった。義仲の入京と平氏の都落ち、そして頼朝の十月宣旨の獲得、義仲追討の出陣と、夏から秋にかけて、戦局が大きく転換していった時期にあたる。

この年の四月、平氏は維盛、通盛《みちもり》以下の総力を集め北陸道方面に出撃を開始した。その数およそ四万。大軍をもって劣勢の挽回をはかろうとした平氏軍に対し、信濃・上野・越後方面の武士を結集した義仲は、越中と加賀の国境、砺波山《となみ》の倶利伽羅《くりから》峠で、平氏の大軍を壊滅させた。『玉葉』によれば「六月四日、伝へ聞く、北陸の官軍、ことごとく以て敗績す。今晩飛脚到来

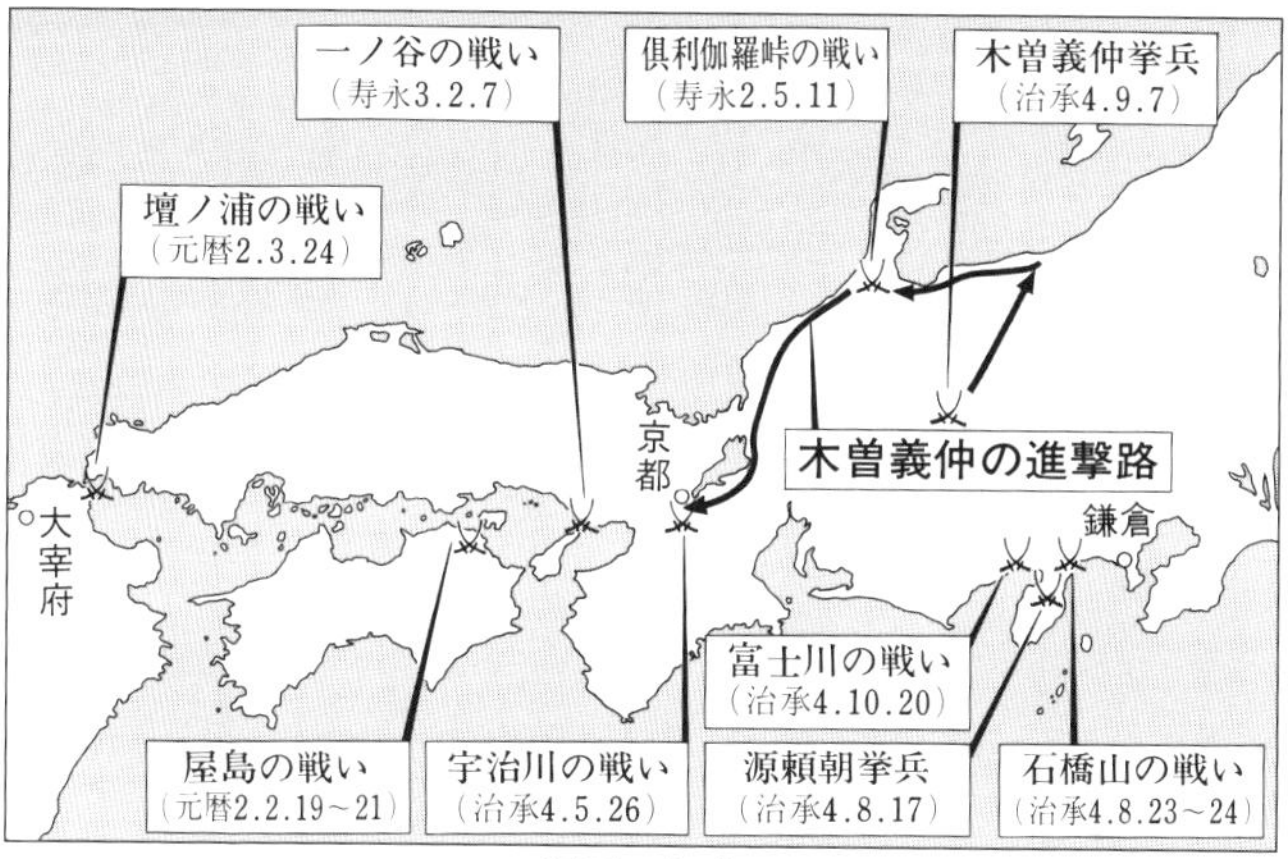

源平の争乱

す、官兵の妻子等、悲泣極まりなしと云々」とあり、この敗戦が平氏一門に与えた影響の大きさを窺うことができる。

勝ちに乗じた義仲軍は、平氏を追い、七月には近江の勢多《せた》（瀬田）へと進軍、延暦寺との共闘に成功した。平氏にとって王城鎮護のために延暦寺の擁する僧兵勢力を敵にまわすことは、劣勢にさらに拍車をかけることとなった。寺院勢力の帰趨《きすう》は、想像以上に大きな意味をもっていた。かつて南都焼討の蛮行（治承四年十二月）を行い、〝仏敵〟視されていた平氏が、取るべき方策は、防戦か退却しかなかった。

東海道方面には西上した甲斐《かい》源氏が、また淀川の川尻《かわしり》方面には摂津《せっつ》源氏の源行綱《ゆきつな》が、さらに伊賀《いが》から大和路方面には義仲軍から分派した叔父の行家の軍勢が、それぞれ京都に殺到しつつあった。一門の総帥清盛が他界したこの時期、平氏は宗盛《むねもり》を中心に一門の再起をかけて西海方面で勢力を結集し、都を奪回する以外に途はなかった。

かくして、あわただしい「平家の都落ち」が始まる。ときに

平家の都落ち（春日権現霊験記絵巻）

七月二五日、六波羅は一門みずからが火を放ち、紅蓮《ぐれん》の炎につつまれた。「おのおのうしろをかへりみ給へば、かすめる空の心地して、煙のみこころぼそく立のぼる」と『平家物語』はその様子を語っている。

一方、入京した義仲はというと、当初の京都の貴族たちの期待とは大いに違っていた。せまい都に、しかも前年来の大飢饉で疲弊した都に源氏の大軍が入ったのである。その混乱たるや想像がつこう。軍兵の狼藉停止《ろうぜきちょうじ》は行き届かず義仲の人望は失われていた。こうした〝義仲株〟の暴落は、そのまま鎌倉の〝頼朝株〟を上昇させることになった。そのことは、いわゆる「十月宣旨」の果実として結果する。

この時期、頼朝は法皇より上洛を促されるが、奥州の脅威と国内の飢饉を理由に、静観のかまえを取りつづけつつ、三ヶ条の申状を奏している。寺社領の復活、院宮《いんぐう》・摂関以下の貴族の荘園所領の返還、などを骨子とするその申状が、京都の貴族たちに歓迎をうけたことは当然であった。九条兼実などは「およそ頼朝のていたらく、威勢厳粛《いせいげんしゅく》、その性強烈、成敗分明《せいばいぶんみょう》、理非決断」と賞揚《しょうよう》することしきりであった。

こうした状況をうけ、十月十四日「寿永二年の十月宣旨」が出された。義仲をはばかり北陸道は除外されているが、東海・東山両道の荘園・国衙領を旧に復させ、もしこの命に従わぬものがあれば、頼朝に連絡し、これを実行させよ、と。頼朝の東国沙汰権の獲得はこうして実現する。前述したように、それは王朝政権との対立（東国独立）路線から協調路線への変更でもあった。平氏の天皇＝安徳帝は西海にあった。都では平氏西走のおり、密かに比叡山にのがれた後白河院（法皇）が新たに孫の後鳥羽天皇を即位させている。

頼朝にとって、〝収支決算〟の提出時期かもしれなかった。京都の政権と妥協し得る条件は成熟していた。東国政権の合法的認知とひきかえに、頼朝は独立的武闘路線から妥協的和平路線を選ぶことになった。

❖義経の登板

そして義経である。この寿永二年という年は、すでにみたように内乱期の政治過程の上で大きな画期であった。とりわけ鎌倉の政権が王朝国家と接触を持ち始めた段階として注目されてよい。頼朝の関東が現実の戦いを通じて京都と接するのは、まさにこの段階なのである。義経の登板は軍事レベルでの接触という場面で始まった。むろん義仲問題がきっかけである。義仲が京にあって院以下の貴族たちの信を失いつつあったことはすでに述べた。後白河法皇は義仲を挑発し行家との離反策をとったこともあり両人の反目は強まっていた。その上、法皇は義仲軍を京都の外に出す目的もあって義仲に平氏追討をしきりに促していた。

この時期、鎌倉勢の上洛が風聞されていた。義仲は法皇の要請をうけ播磨《はりま》方面に出陣したが、そのうわさもあってか、態勢を整えつつあった平氏の戦力の前に苦戦をしいられ帰京した。閏十月の頃である。上洛軍のうわさは十一月の初めからさらに確実さを増し、義仲を苦しめることになる。

かくして孤立した義仲は、クーデタを断行した。法皇の御所法住寺殿《ほうじゅうじどの》を焼討ちし、法皇と天皇を五条東洞院《とういん》の摂政邸に幽閉、院近臣四〇人の解官と所領の没収を行うに至る。その後、十二月に以前より強要していた頼朝追討の院宣を得た義仲は、関東との対決姿勢をかためた。

義仲への失望と頼朝上洛への期待という状況は、鎌倉勢西上の条件を成熟させていた。ここで頼朝は九郎義経の起用にふみ切る。もっともこの義経の登用は当初より義仲との戦闘的対決を目ざすものではなかったようだ。このことは派遣された義経の軍勢が数百騎であったこと、また貴族出身の中原親能《なかはらちかよし》（大江広元《おおえひろもと》の兄弟）が同道しての出発であったことからすれば、義仲軍の京都での動向を探り、あわせて法皇以下京都政界での頼朝待望論を現実のものとしようとする計算もはたらいていた。

さらにこのデモンストレーションを通じ、上洛の道すがら鎌倉の東国沙汰権掌握を沿道諸国に周知させること、こうした点にこそ義経派遣の意味があったと思われる。かつて弟の一人義円を墨俣戦で失った頼朝にとって、自分の代官として末弟の義経がどのような力量を示すか、今後の試金石にもなる。頼朝代官として義経に課された使命は、こうした鎌倉側の意図を忠実に実行することであった。義経に対する頼朝の評価はまだ未知数なのである。その軍才に至ってはなおさらであり、将としての器を知る上で、義経派遣はよい機会でもあったろう。

閏十月の初め、鎌倉を発した義経一行は、その月の下旬には伊勢に、さらに十一月初旬には近江へと迫り、京都の政情を窺うに至った。その後、伊賀・伊勢方面にあった義経は法皇より即刻入京の報に接することになる。だが義経は慎重であった。「まずは兄頼朝のもとに飛脚《ひきゃく》を遣わし、その命に従い入京致しましょう」と答え、頼朝の指示を待つことになる。そのあたりの事情はいずれも『玉葉』によっている。今次の上洛が当初より義仲追討を目的としていない以上、単独行動は慎まなければならないとの判断であった。

❖宇治川の戦い

こうして寿永は三年目の春をむかえた。連絡をうけた頼朝は、ただちに義仲追討軍を組織、

現代の宇治川（©交通公社フォトライブラリー）

弟範頼を将とする東国軍士数万を遣わした。『平家物語』や『源平盛衰記』には先鋒《せんぽう》の義経軍とこの範頼軍を六万騎とも五万騎とも表現しており、その数には誇張があるにせよ、かなりの数であったことは疑いあるまい。

正月早々には尾張の墨俣を越え美濃に入った鎌倉の援軍は、中旬には近江にいた義経軍と合流、京都へと突入する態勢を整えていた。『吾妻鏡』によると数万騎を率いた範頼・義経はそれぞれ勢多・宇治方面の二手より防禦線《ぼうぎょせん》を突破、入京を果たしたとある。

当時の防禦線は琵琶湖から流れ出る宇治川であり、近江の勢多（瀬田）をわたり粟田口《あわたぐち》から京都に入るのが本道であった。これを大手《おおて》軍の範頼が率い、他方大和方面の宇治から入る搦手《からめて》軍が義経の軍ということになる。二六歳の義経にとって、これが初陣である。時に義仲は三一歳、天下に雄名をはせ、旭将軍の異名を持つこの人物との対決は、たしかに容易ではなかったろう。

逆風にあえぐ義仲と順風にある鎌倉勢はその士気において異なっていた。正月二〇日の明け方、川霧深く立ちこめた宇治の川岸に搦手軍は到着した。大将義経の率いる東国軍士を『平家物語』は安田義定《よしさだ》・大内惟義《これよし》・畠山重忠《しげただ》・梶原景季《かじわらかげすえ》・佐々木高綱《たかつな》・糟屋有季《かすやありすえ》・渋谷重助《しぶやしげすけ》・平山季重《すえしげ》の面々と記している。いずれも甲斐・相模・武蔵の有力武士である。

佐々木高綱と梶原景季が頼朝からもらった名馬生唼《いけづき》・磨墨《するすみ》をそれぞれ駆って先陣争いを展開したという、有名な〝宇治川の先陣争い〟は、このときの話である。時節がら雪解けのために増水した宇治川の渡河作戦を断行した義経軍は、畠山重忠以下の勇戦で義仲派遣の木曽軍を撃破した。勢多方面からの大手軍範頼勢も軌を同じくし京へ進軍したという。

一方、多勢で迫り来る鎌倉軍に河内方面の行家軍にむかう総勢一千余騎の木曽軍の劣勢は、いかんともし難く、百余騎の手勢で京都に留った義仲のもとに各地での敗報が届けられた。他方、洛中に入った義経は数騎を率い兄の範頼とともに院の御所六条西洞院にむかった。かくして義仲は最後の決戦を覚悟すべく山科を経て近江へと向かった。北国方面に活路を見い出そうとしたのだろう。しかし、衆寡敵せず粟津で敗死する。

慈円の『愚管抄』には義仲を討った者を伊勢三郎としている。例の義経の郎従の一人である、ただ『吾妻鏡』や『平家物語』では相模武士の石田次郎としており、はっきりしない。

京都は義経・範頼軍の勝利にわいた。軍規整然とした鎌倉勢を都人はおそらく安堵をもって迎えたことだろう。『玉葉』は言う。「九条河原あたりにおいては一切狼籍なし」と。

ここにおいて三者鼎立《ていりつ》のうちの一角はくずれたことになる。頼朝の鎌倉は初めて義経あるいは範頼という代官を介して、京都の政界に現実に足をふみ入れた。

東国武士団

❖関東の軍士たち

義経から話題は少しはずれる。義経が率いた鎌倉武士の戦さぶりについてだ。『吾妻鏡』に従えば「関東の軍士」ということになろうか。ともかくこの軍士たちは強い。彼ら鎌倉武士が草深い農村から領主として自己を成長させるには長い歳月を要した。在地領主とよばれた彼らが自己の領地（所領）の保護を求めて、武家の棟梁たる頼朝＝鎌倉殿へと結集し、創り出した政権だった。それが政権として成長するためには、領主たちの利害を代表するものでなければならない。頼朝と東国武士により樹立された東国政権とはこうした性格を持っていた。

宇治川の戦いで活躍した梶原にしろ、畠山にしろ、多くが荘官とか国衙の役人とかの肩書を有した在地の領主であった。彼らにとって戦さは、自己の所領を拡大し、従来の権限を保障してもらう絶好の機会でもあった。まさに「一所懸命」の世界なのである。こうした経済的要求が鎌倉武士奮戦の要件ということにもなる。

東国における荘園制は実は十二世紀に入ってからのことであり、土地領有のシステムは西国に比べはるかに遅れている。こうした所領の領有あるいは権利関係の西高東低性が、東国の領主（武士）たちの戦さぶりに影響を与えたことは確かであろう。合戦での戦さぶりが自己の所領の拡大につながる世界であった。

東国武士の戦さぶりを示す有名な話がある。「いくさは父親もうたれよ、子もうたれよ、死ぬれば乗越え乗越えたたかふ候」。富士川合戦の途上平家方の武将斎藤実盛《さねもり》が語ったとされる右の詞《ことば》は、たしかに東国武士の戦さぶりを示すものであろう。「西国のいくさと申は、親討たれぬれば孝養《きょうよう》し、忌《いみ》あけてよせ、子うたれぬれば、そのおもひ歎きに寄せ候はず」。ここに見るように西国の戦さは、決して日常的世界ではなかった。誇張された戦記物にいう対比ではあるが、戦さを日常的延長としてみる東国武士との差はあきらかであろう。

東国の精神的風土は別の見方をすれば、人間的感情のルールを無視したところに出発点があったともいえるわけで、肉親の死を乗り越えてつき進む、〝乾いた精神〟が彼らの強さの秘密でもあった。

鎌倉武士の戦さぶりという面でいえば、もう一つ述べなければならないことがある。彼らが率いた武士団についてだ。武士団とはいうまでもなく学問上の概念である。要は戦闘のための組織体とでも表現できるもので、より厳密にはその内部にヒエラルヒー（階層制）が認められるもの、と理解されている。武士団には荘や郷規模でまとまったものや、一郡さらには一国規模での広がりを持つ大武士団もあった。幕府の有力御家人となった三浦一族や千葉・上総氏などはこうした大武士団（豪族的武士団）の代表格といっていいだろう。宇治川戦陣にさいし、義経とともに『吾妻鏡』や『平家物語』に見える甲斐や相模・武蔵の武士たちは、いずれもこうした武士団の中核に位置する人々であり、彼らの下にそれに従う多くの郎従たちがいた。したがって戦闘組織体としての武士団が、その強さを発揮するためには、これを構成する末端の従者たちまでも含め、恒常的戦闘能力が要求される。

これは西国の武士団にしても同じことであるが、「東国武士ハ夫マデモ弓箭《ゆみや》ニタヅサイテ候ヘバ」とある、『愚管抄』の指摘を思い出せば、武士団の層の厚さという点で異なるものがあったと想像される。夫役《ぶやく》を担う庶民に至るまで弓矢にかかわっていたという。彼らはむろん農民であった。その点では狭い意味での武士団を構成するメンバーではないにしても、これを支えた人々であったことは疑いない。義経はこうした、東国武士団を率いていたのである。

❖東国の原形質

いま、東国武士団の強さに関連して農民レベルに至る弓矢の素養についてふれた。ここではより根源的な問いとして、「夫マデモ弓箭ニタヅサイテ」という東国社会の武的風土とは何かという問題を考えたい。粗野なエネルギーを東国に見い出すことも解答の一つであろうし、あるいは所領紛争に伴う防衛意識が武的風土醸成の要件と見ることも誤りではなかろう。が、より根本的には東国社会が背負う歴史的条件を考える方が、右の問いに対する解答の近道かもしれない。

それは古代の律令国家にとって東国とは何かという設問としても置きかえることができる。結論からいえば、それは蝦夷《えぞ》問題だったろう。古代以来、東北との蝦夷戦を通じ、東国＝関東は、中央から常に兵站《へいたん》基地としての役割を担わされてきた（福田豊彦氏『平将門の乱』岩波書店）。八世紀末の宝亀・延暦年間以降激発する蝦夷問題はいくつかの段階をへて、九世紀の元慶《がんぎょう》の乱で鎮静化の方向にむかう。十世紀を画期として誕生した王朝国家は、東国に刻印づけられた蝦夷問題をつつみ込んで成立する。

詳しい話は全て省くが、武器・武具をはじめ戦闘形態に至る様々な要素は、こうした蝦夷戦を通じて培われたものであった。弓矢戦に長じた東国の人々とこれを育んだ東国の土壌とは、この点に深くかかわっている。ここにいう東国の原形質とはこのことを指している。むろん古代以来の防人《さきもり》的な尚武気質を説くことも無駄ではないが、ここではあくまで中世国家論に連動する場面でのみ話を展開したい。

東国のこうした原形質が〝戦う人〟としての武士をつくり出す条件を整えた。ここで思い出していただきたいことがある。前章で武士論にふれたとき、『義経記』『平家物語』に見える武士の名を引用した。それぞれが武士として照明を当てる部分を異にしていたが、両者に共通する人物もいた。

例えば平将門である。『大鏡《おおかがみ》』に見える将門と純友の共同謀議は創作だとしても、新皇を称そうとした将門が坂東の独立という地域国家の構想を考えていたことは認めてよいだろう。先述した鎌倉政権成立当初の二つの路線のうち、広常的独立路線の源流は、つきつめればこの将門までたどりつく。

近年しばしば指摘されるように将門に代表されるような存在は、辺境軍事貴族とよばれる。戦前来の通説的理解では、彼らが坂東に拠点をはったのは中央政界の藤原氏の門閥支配をきらい、新天地を求め、勢力の拡大のために下向したとされる。しかしこの図式は古い。将門の父良持《よしもち》が鎮守府将軍であったように、彼らが関東に入った理由の一つは、この地が東北と境を接する地域でもあり、軍事的・武的防備の役割を担う存在であったことによる。彼等が辺境軍事貴族といわれる理由はここにある。その意味からすれば、こうした軍事貴族の後裔となるような鎌倉幕府の有力御家人たち（彼らは一方で東国武士団のリーダーでもあったが）から夫役を担う農民に至るまで、彼らの武的要素の歴史的条件の一つが、この蝦夷問題にあったことは動かないだろう。義経が率いたのは、そうした東国が育んだ武士団だった。

III

判官義経・後白河院・京都

一ノ谷の合戦

❖義経の役割

本章では、鎌倉の源九郎時代から判官義経時代へと移りたい。舞台は京都を中心とした西国方面ということになる。いうまでもなく、対平氏戦が軸である。義仲追討を頼朝代官として遂行した義経が、次に担わされた課題は、京都の警備と西国への転戦である。

一ノ谷から屋島、さらに壇ノ浦へと、義経は合戦のなかにある。彼が活躍したこの時期は、他方で兄頼朝との関係が変化をきたしてゆくときでもあった。対平氏攻略が終わった文治元年(一一八五)は、兄頼朝との確執が表面化し、両者決裂のときをむかえることになる。この義経問題を通じて鎌倉は最大の果実を手にする。守護・地頭補任権である。

中世日本の展開にこの守護・地頭問題が与えた影響は実に大きいものがあった。それは中世封建制の最大の画期といってもよいだろう。これが義経問題を引き金としてなされたこと、存在としての義経が果たした歴史的役割の一つは、この点とかかわる。肥大化した戦う武将義経の雄姿をここで追うことも無意味ではないが、京都の後白河法皇と鎌倉の頼朝のはざまで生き、戦った義経の姿もみのがすことはできない。それは王朝国家と幕府が義経という一個の人間をはさみ、政治的に対峙する歴史的緊張のひとコマでもある。

幕府が中世国家の一翼を担う軍事権門なのか否かという議論は別にしても、武家政権の成長という場面を尺度とすれば、およそ三つの画期を設定できるだろう。一つは寿永二年である。「十月宣旨」にみる東国沙汰権の獲得の場面。二つ目は文治《ぶんじ》元年、「守護・地頭の勅許」にみる状況。三つには建久《けんきゅう》元年、奥州合戦後の頼朝上洛という段階。三つのうち第一は義仲追討に結果する一連の状況があったし、第二は平氏追討、そして第三は泰衡追討である。そしてそこには義経がいる。

むろんかかわり方の方向はそれぞれに異なるが、鎌倉政権の成長過程での役割という点でみれば、義経の存在は確かに大きかった。前章までは義仲追討に至るまでの状況をみた。ここでは脇役的存在にすぎなかった義経が主役を演ずる段階ということになる。義経の長くはない生涯の中で、最も濃密な数年間が開始されようとしている。

❖頼朝への使者

義経は都にいる。義仲を追討した頼朝への期待は、その代官たる義経への人気となってあらわれた。院をはじめ貴族たちの間で、義経という人間が意識にのぼり始めた。義仲の暴挙から都を解放したこの源氏の若武者は、上下の都人から称賛をもってむかえられた。義仲討滅の翌日、義経は院に義仲の首を獲たことを奏聞《そうもん》した。同日義仲の四天王の一人樋口兼光《ひぐちかねみつ》が義経の家人たちに生虜《せいりょ》されたことが『吾妻鏡』に見えている。時を同じくして義経は鎌倉に飛脚を送り、義仲誅滅のことを注進した。

この注進は二七日に到着しており、当時の京都・鎌倉の情報伝達が一週間程度だったことがわかる。このとき、安田義定や範頼あるいは一条忠頼《いちじょうただより》の使者も鎌倉に参着しており、それぞれが独自の立場で使者を派遣した様子がうかがえて興味深い。そういえば、『吾妻鏡』には右の記事の直後に義仲追討にむかった範頼が尾張墨俣で、先陣を争い御家人と乱闘に及び、このことが後日判明し頼朝の勘気をこうむったと見えている。これなどからもわかるように、〝私〟の部分を優先させる気分が東国武士には横溢《おういつ》していた。

ルールの人頼朝はこうした〝私〟の部分を嫌った。おそらくそれぞれの使者がもたらした書状には〝公〟とともに〝私〟の部分も多かったのであろう。そのためでもあろうか。先の飛脚にわずかに遅れて到着した梶原景時の飛脚の文に頼朝は大いに感心したとある。そこには討亡人・囚人などの氏名がしるされており、「景時の思慮なお神妙の由、御感再三に及ぶ」と見えている。この景時の注進状には頼朝にとって知りたい内容が的確に記されていたのだろう。

この景時はルールの人という面では頼朝と波長が合っていたようだ。なかなかの粋人でもあり、東国の都会人という雰囲気をもっていた武士でもあった。義経は彼を嫌った。〝私〟の部分がいささか強い義経にとって、頼朝が体現しようとしていた〝公〟の部分は理解の外だったのかもしれない。その意味では景時も義経とはソリが合わなかったに違いない。むろん右に述べたことは深読みに過ぎるかも知れない。真相は多くの情報を知ろうとする頼朝側の要請で複数の飛脚が来着したかもしれないからだ。

ただそうした中で景時的な気配りを頼朝が好んだことは確かであろう。その意味で頼朝はこの東国的都人《みやこびと》の才を愛した。侍大将《さむらいだいしょう》たる彼の役割は不動の頼朝と移動・転戦の義経のパイプ役にあった。後年、頼朝・義経の不和が、西海での義経の戦いぶりを伝えた景時の報によるとされるのも、うなずける。

❖見えざる敵

九郎義経の名は対義仲戦の勝利により都の上下にあまねく知れわたったことだろう。とりわ

後白河法皇

け京都政界の中心人物後白河法皇がこの源氏の若武者に寄せた期待は大きかった。頼朝への信望は、そのまま代官義経への信頼と結びついていた。王朝国家の統帥後白河法皇は一方では陰謀の人でもあったという。

王朝をリードしたこの人物の生涯は実に苦難に満ちていた。皇位継承後、兄崇徳《すとく》上皇との確執から保元の乱が、そして数年後の平治の乱、さらに鹿ケ谷《ししがたに》の変以後の清盛との反目、清盛のクーデタ・幽閉、以仁王の挙兵、平氏西走と義仲のクーデタ等々、京都を舞台に繰り広げられた政争には必ず法皇がいた。三〇年にわたる政界の混乱には、後白河法皇の存在も大きかった。その中で多くの辛酸も味わったこの人物にとって、人をみる眼には鋭いものがあったに違いない。

都での新たな主人公義経がこの後白河法皇にどう映じたか。想像の限りでしかないが、まずは好感をもって迎えられたことは疑いなかろう。そしてこの義経と法皇との距離がその後、接近するほどに、義経と頼朝との距離は遠くなっていった。後年の義経の悲劇は何よりもこの政治的距離に対する無自覚さに由来していた。義経は自分と自分を取りまく武士世界にとって、真の敵が何であるかを悟るべきだった。この〝見えざる敵〟を識別するには、彼はあまりに無知だった。同じく辛酸の人頼朝には、この〝見えざる敵〟が見えていた。だが、義経も頼朝もそして法皇も、この時期にあっては共通の〝見える敵〟が依然として存在している。西国の平氏である。それでは、〝鎌倉〟が、そして〝京都〟が、この当面の敵平氏一門とどのように対決していったのか、見てみよう。

❖追討と和平

西海方面で勢力の回復をはかっていた平氏は、この時期しだいに勢いをもり返しつつあった。義仲と頼朝の対立は平氏追撃のほこ先を鈍らせ、一旦捨てた京都の奪回を目ざすまでになっていた。平氏の前進基地が設けられた摂津の福原付近は、かつて清盛が遷都をおこなった場所であり、一門にとっては縁も深い。

寿永二年（一一八三）の七月都を棄てた平氏は安徳天皇を奉じて、大宰府までおちのび、以後、九州・瀬戸内・中国・四国方面の武士勢力を結集し、この年の暮から翌年の正月には、この福原付近で活発な動きを示していた。窮地に追いやられた義仲が頼朝への対抗上、平氏一門との和平を試みようとしたのは、こうした時期であった。むろん、これは失敗に帰した。義仲滅亡後、朝堂内では関東勢に平氏追討の宣旨を与えたものの、若干のためらいがないでもなかった。皇統の安定を望む後白河法皇にとって、平氏が保持した「三種の神器《じんぎ》」と安徳天皇の

平宗盛（宮内庁蔵）

帰還も大きな関心であり、そのための和平の方策も考えられていたからである。

　寿永三年の正月下旬は追討か和平でゆれていた。『玉葉』には二五日ころには既定の追討方針の変更が記されているが、そこにはやはり神器のことがあったらしい。和平の使者として静賢《じょうけん》法印《ほういん》が事に当たることになった。静賢の父信西《しんぜい》入道（通憲）は平治の乱で義朝に討たれたが、清盛以下の平氏一門に信頼があつかった人物として知られていた。しかし当の静賢が「使者として自分が赴くのは和平のためで神器の無事奉還を願ってのことだ。にもかかわらず、同じ時期に征討の武士を派遣しているのは納得できない」として、これを断わったという。事実、義経の追討軍は確かにこの時期京都を出発している。静賢と交友のあった兼実も、こうした朝堂内の優柔不断さを「凡《およ》そ近日の儀、掌《たなごころ》を反《かえ》す如し、不便《ふびん》なり」（二月二八日条）と嘆いている。静賢派遣の一件は不調に終わったが、法皇から平氏に和平の働きかけがこの時期になされていたことは事実であったようだ。一ノ谷合戦後、法皇に送った宗盛の手紙には法皇から近々和平の取りはからいがあり、二月八日にまた使者が赴くこと、それまでは合戦におよばぬこと、このことは源氏の将士にも命じていること等々の内容がしるされていたという。

宗盛以下平氏一門はこの法皇から示された書状を二月六日に受け取り、待機していたらしい。が、現実にはそれ以前に戦端は開かれた。宗盛が一ノ谷での敗北後院に送った右の書状には、そうした約束が反故《ほご》となった事態に対する激しい抗議も示されていた。法皇の言葉は、平氏にとっては自分たちを油断させる謀略として映じたに違いない。権謀を好む法皇がやりそうなこと、と言ってしまえばそれまでだが、真実はおそらくそうではなく、明確な方針が定まらないまま、事態が推移し情報の混乱も手伝って、齟齬《そご》が生じたとみるのが妥当なところだろう。

それにしても一ノ谷合戦に至る源氏軍の動きははっきりとしない。事実のおさらいをすると、範頼・義経に率いられた源氏の軍が京都を出発したのは正月二六日。『玉葉』によるこの日時は、『吾妻鏡』では二九日、また『平家物語』では二月四日となっている。いずれにせよ二月二日の『玉葉』の記事には「西国に向かふ追討使等、しばらく前途をとげず、なお大江山の辺に逗留《とうりゅう》す」と見えており、この時期、京都からさほど離れていない大江山近辺に追討軍がいたと考えてよいだろう。

そして京都を出発した源氏軍のうち、範頼軍が西国街道を、義経軍が丹波路を迂回しており、京都から亀岡にぬける位置にある大江山は、当然、義経軍の進路にあたることになる。この点ははっきりとしないが、進軍の速度はかなり緩慢だった。義経の軍が丹波《たんば》・播磨の国ざかい三《み》草山《くさやま》付近に進出したのは、二月五日。大手の範頼軍は前日の夕刻には摂津の昆陽《こや》で陣を構えた。

❖一ノ谷の前夜

この二月四日、『吾妻鏡』には「平家日頃《ひごろ》西海・山陰両道の軍士数万騎を相従へ、城郭を摂津と播磨との境の一ノ谷に構へ、おのおの群集す、今日相国禅門《しょうこくぜんもん》（清盛）の三廻忌景を迎え、仏事を修すと云々」とあり、この日が清盛の三回忌法要の日にあたり、福原・一ノ谷方面に平氏一門の主力が参集していたという。東は生田の森、西は一ノ谷に至るこの平氏の陣営は、背後の北方は天険の山なみが連らなり、南の前面は海という天然の要害であった。

追討軍はここを範頼軍が生田の森方面から、一方の義経軍は一ノ谷の背後を回り西方から攻撃するという作戦である。大手の大将軍範頼には武田有義・小山朝政《おやまともまさ》・下河辺行平《しもこうべゆきひら》・千葉常胤・畠山重忠・梶原景時をはじめとする五万六千余騎、そして搦手の義経軍の下には安田義定・大内惟義《これよし》・田代信綱《たしろのぶつな》・土肥実平《どひさねひら》・三浦義連《よしつら》・熊谷直実《くまがいなおざね》以下の二万余騎が従ったという。『吾妻鏡』のこの記事は兵力に誇張はあるものの陣容の在り方はほぼ信じてよいだろう。義経軍については、かつての宇治合戦のメンバーとほぼ同様である。むろんそのなかには、奥州以来の義経の親衛隊が加わっていたに違いない。総攻撃の日時は七日卯《う》の刻《こく》（午前六時）と定められていた。二手に分かれた追討軍は挟撃作戦に出ようとしていた。

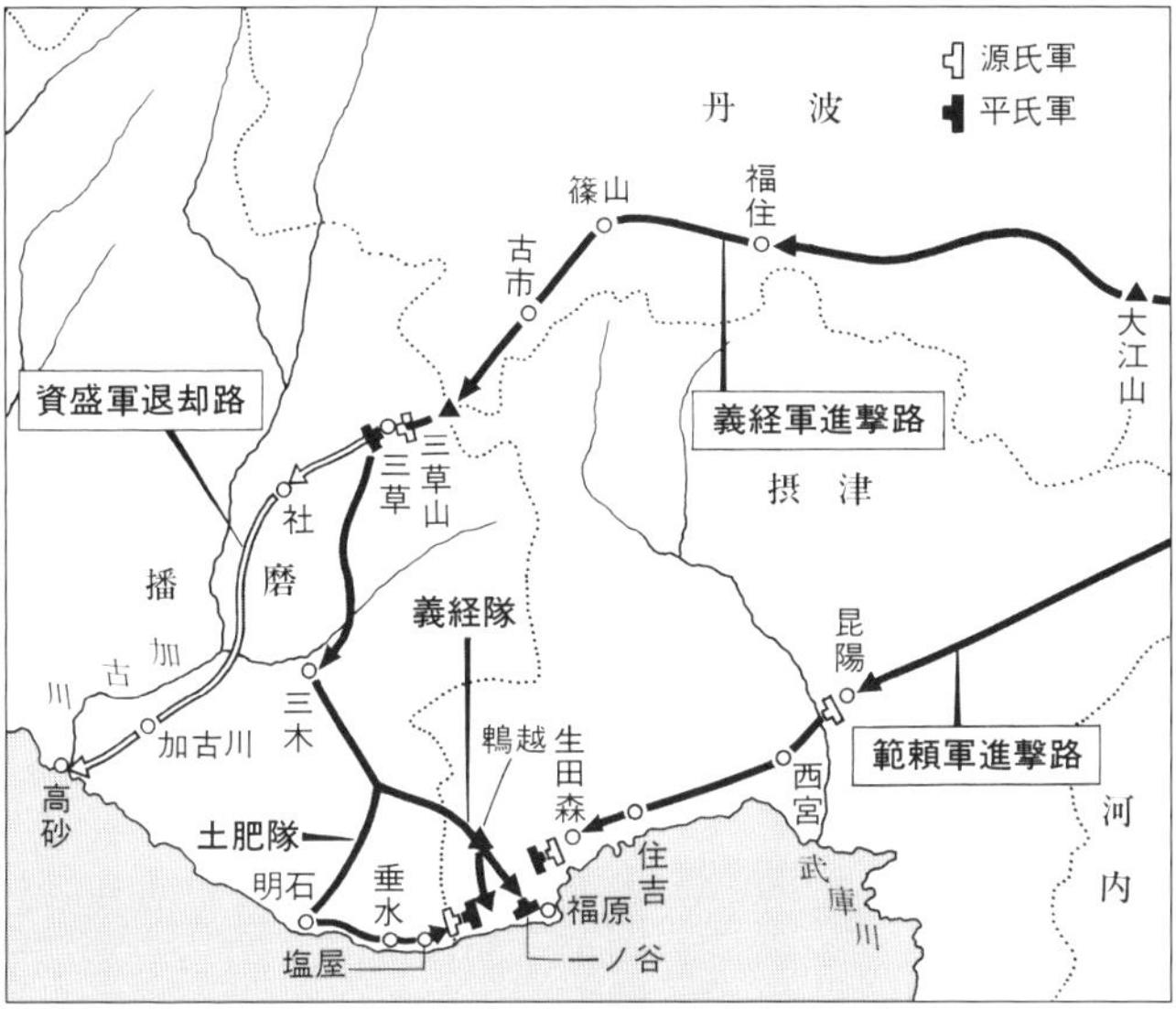

一ノ谷合戦図

他方、平氏軍は、義経軍が丹波路を進撃するとの報に接し、三草山に布陣してこれを迎撃する方策に出た。平資盛《すけもり》（重盛の子）以下を大将軍とする軍勢七千が義経軍と三里をへだてて西に対峙した。二月五日のことである。こうして早くも、源平両軍の最前線三草山を舞台に合戦の火ぶたが切られることになる。『平家物語』にはこの時、義経は土肥実平を招き、「平家はここから三里の三草山の西の山口に布陣している。今夜夜討すべきか。明日すべきか」と相談したところ、田代信綱が、「明日になれば平家の勢力も増すことでしょうから、ここは味方の軍勢も多い故に、夜討を決行すべきでしょう」と進言し、これにもとづき夜討急襲の戦法が採られたという。

他方の平氏軍は、「戦さはおそらく明日になろう。合戦にむけてよく眠るように」との指示を与えた。

かくして暁天《ぎょうてん》をまたずに、義経軍は、一挙に平氏の陣営になだれ込んだ。「弓とるものは矢をしらず、矢とるものは弓をしらず」と混乱の極致にあった平氏勢の狼狽ぶりを『平家物語』はこう表現している。闇夜のことである。衣更着《きさらぎ》の二月、雪あかりに加えて、小野原周辺の在家に火をかけての奇襲だったとはいえ、この義経の作戦は大きな賭《かけ》であったろう。彼の作戦は後世でこそ評価されるものの、当時の戦法からすれば決してほめられるべきではなかった。

一騎討ちを主体とする戦さが基本とされるこの時代、〝我武者等《がむしゃら》〟に過ぎた戦さぶりともいえるのである。とりわけ兵力において平氏軍を上回る源氏勢である。奇襲・夜討ちには慎重でなければならなかったはずである。全軍を統轄する将たる器として、ふさわしいかどうか、実は疑問なのだ。こうした行動を無謀と見るかどうか議論も分かれるにしろ、奇略・奇襲をもって勝利をおさめることが、全てに優先するとの結果主義的な戦闘法をよしとする風潮は、大げさに言えば義経あるいは彼が率いた東国勢の〝発明〟にかかっていたのではなかったか。戦勝の要諦《ようてい》は機先を制することにありとの考えは、戦史上において本当に普遍的な認識だったのか、分明ではない。

しばしば指摘されることがある。平氏側の弱さについてである。これには種々の解釈が可能だろうが、問題は平氏側の弱さではなく、源氏側の強さなのである。もっといえば戦陣でのルールを守ろうとした平氏の弱さとこれを破った源氏の強さなのであろう。これを都人的＝西国的と田舎人的＝東国的という単純な比較で論じても始まらないが、ルールがルールとして作動していた一つの時代が終わろうとしていたことは疑いない。

❖鵯越の奇襲

話をもとに戻すと、三草山の合戦で勝利をおさめた義経軍は六日朝には播磨の三木近辺に進んでいた。ここで軍を二派に分け、一派は安田義定・土肥実平等七千余騎をもって明石川《あかしがわ》沿いに南下させ、一ノ谷の西方から、義経指揮下の残る三千余騎は鵯越《ひよどりごえ》の山道を福原へと進軍させた。一方、三草山の敗報に接した平宗盛は援軍を派遣し、西の城戸《きど》と山ノ手の城戸つまり鵯越の麓を固めさせたという。

大手の範頼軍は西国街道を進み、西宮・住吉をへて生田《いくた》に迫っていた。東・西そして北からの源氏包囲網の前に平氏一門は退路を海上に求めつつも、激戦が展開されることになる。一ノ谷の合戦である。義経という人物はよほど奇襲が好きなのだろう。義経率いる三千騎をさらに二分して、一方を鵯越の本道に進ませ、自分はわずか七〇騎の精鋭で山中に分け入り、鉄拐山《てっかいざん》を越え一ノ谷の背後に出たという。世にいう鵯越の坂落しである。

合戦の詳細については『軍記物』をはじめその他の関係書物に譲るが、険峻絶壁《けんしゅんぜっぺき》を人馬一体となって駆ける義経の精鋭部隊の活躍がこの合戦の行方を決めたことは事実であった。この作

鵯越の坂落とし（江戸時代の錦絵より）

戦が敢行された時点で、既に戦さは開始されていた。七日早朝、土肥実平以下の義経麾下《きか》の別動隊は明石方面を迂回し西の城戸から乱入、一方の範頼軍も搦手軍が戦端を開いた頃、矢合わせをおこない戦闘に入っていた。

抜け駆け・高名をねらう武蔵武士熊谷直実父子と平山季重の数騎が、勇戦一番乗りを果たしたのは、この時の戦いである。「青葉の笛」の唱歌でも知られる直実と敦盛《あつもり》の悲話をはじめ、この戦いでは多くのドラマが誕生した。畠山重忠が怪力を発揮して、鵯越の坂落しを馬を背負って下った話もまたそうである。源平主力の両軍が一進一退の状況の下、突然、義経軍による敵の意表をついての出現であった。そのあたりの臨場感はやはり『平家物語』に語ってもらうのが一番だろう。

御曹司《おんぞうし》、城郭遙かに見わたいておはしけるが、『馬おといてみん』とて、鞍を置き馬をおいおとす。或は足をうちおって、ころんでおつ、或は相違なく落ちて行くもあり。鞍をき馬三疋、越中前司が屋形《やかた》のうへに落つゐて、見ぶるいしてぞ立たりける。御曹司是をみて『馬共はぬしぬしが心得ておとさうにはそんずるまじゐぞ。くはおとせ、義経を手本にせよ』とて、まづ三十騎ばかり、まっさきかけておとされけり（巻第九）

義経の真骨頂といっていいこの奇襲を『平家物語』は「鬼神の所為とぞみえたりける」と語っている。この奇襲で戦さの流れは変わった。寒風すさぶ戦場は、血と泥の世界に変わったことだろう。この戦いで平氏側がこうむった被害は甚大であった。戦死者千余人のうち、『吾妻鏡』はこの戦いで討たれた平氏の有力諸将を通盛・忠度《ただのり》・経俊《つねとし》（範頼軍）、敦盛・知章《ともあき》・業盛《なりもり》・盛俊《もりとし》（義経軍）、そして、経正《つねまさ》・師盛《もろもり》・教経《のりつね》（安田義定軍）と記録している。

戦さの作法

❖弓馬の道

一ノ谷合戦での顚末《てんまつ》はほぼ以上の通りである。ここでは合戦という場面に限定して少し話をふくらませておく。戦さにおけるルール＝作法という問題である。これについては義経と彼が率いた東国武士団の強さという観点で前にも若干述べたが、ここでは別の次元でこれを考えたい。〝戦さは遊びであった〟との表現は皮相に過ぎるかもしれないが、表現上のスベリを承知の上で、こう述べる場合、そこに何がしかの真理が含まれていることも事実であった。むろん近代の国家総力戦はその部分を放棄したことは言うまでもないが、〝戦さ〟とは何かという問題をより根源的に問い直すならば、依然重要な設問となるはずである。

オランダの有名な歴史家にホイジンガがいる。この歴史家については御存知の読者も多いと思う。その著『ホモ・ルーデンス――文化のもつ遊びの要素についてのある定義づけの試み

――』（里見元一郎氏訳、河出書房新社）には、「特定の規則に縛られた戦いはその特定の秩序によって遊びの形式的特徴を帯び、その上異常な緊迫感を伴い、情熱的であると同時に単純至極に割りきった遊びの形式を伴っている。……遊びにとって許される限界線は流血行為で区切る必要はなく、さらに殺し合いそのもので一線を画さねばならないこともない。」「戦争を敢行するのは、勝つか負けるかの証しをとおして、神聖な効力をもつ神の裁きを得ようとするためだ。このような裁きはくじを投げること、力だめし、言葉だめし、武器だめしでも明らかであろう。」「名誉をかけた気高い遊びという戦争観から生じた一つの慣行は敵方と礼節を交換し合うことであり……名誉に反することは規則に反す。」とある。

これらの指摘から、〝戦い〟という行為が人間にとって意味するものの一端を窺うことができる。そういう角度で、わが国の中世の合戦あるいはこの源平の戦いを考えた場合、種々の点において、なるほどと思わせるふしもある。戦さにもルールがある、という奇妙な、そして一面では至極当たり前な表現の中に、真理を見い出そうとするのも、こうした諸点とかかわっている。そういえば、合戦での〝矢合わせ〟〝名乗り〟とは「武器だめし」であり「言葉だめし」でもあった。

『平家物語』をはじめとした軍記物にはこうしたルールをともなった〝遊び〟の場面がふんだんに取り入れられており、それなりに当時の戦さの在り方を反映していると考えてよいだろう。源平内乱期を含め、平安末期のごく一般的な戦闘場面を想像してみるがいい（運動会で経験した例の〝騎馬戦〟を思い出されてもいいかもしれない）。主役の騎馬武者を取り囲む一群の従者たち。そこには騎乗した郎等級の従者もいれば、徒歩の雑色や下人などの下級の従者もいる。戦端が開かれるや〝よき敵〟を求め戦場を駆けめぐる。相応の敵を見つけるや、互いに馬上で〝名乗り〟を上げる。先祖の武功と家系を語るこの儀式をへて、弓矢戦が始まる。

敵を弓手《ゆんで》にすばやく誘い込み矢を放つ。大鎧《よろい》に身を固めた騎乗の武者にとって不安定な馬上からの騎射で相手を倒すことは至難の業だった。牛革でとじ合わされた小札《こざね》を組み合わせ敏速な行動が容易にできるように工夫されたこの大鎧は、他方で隙間も多く、脇・胯間《こかん》・内甲《うちかぶと》（額）は急所とされた。矢種が尽き、まれに太刀打ちとなることもあったが、この時期の主役はやはり弓矢であった。鎬《しのぎ》造りで優美な彎《わん》刀形式の日本刀が登場したのもこの平安末期であったが、これは馬上から〝切りはらい〟に有利なように〝ソリ〟がつけられており、補助兵器としての役割を出るものではなかった。（以下は思いつきであるが、この時代の太刀が〝切る〟行為よりも、〝はらう〟行為に力点があったことを考えれば、攻撃としての兵器よりは、敵からの防禦の具としての効用が大きかったと思われる。〝はらう〟とは「祓」であり、災厄＝自己に敵対するものからの防衛ということになる。このことと関連するかどうか、即断できないが、最近、高橋昌明氏が、武者の生態を中世呪術の場面で深めるべき点を指摘している。源頼光の「酒呑童子《しゅてんどうじ》」説話を題材に

「太刀ぬき」行為について、「雷除け」(=魔除け)として解すべき点を指摘しているのも参考となろう(「竜宮城の酒呑童子」〈『へるめす』No.20、岩波書店〉)。更に言わせてもらえば、この〝祓う〟という語の内容は「銭の払い」にも通ずるものかもしれない。こじつけと言えばそれまでだが、「銭を支払う」行為は、貸借関係という、〝有縁〟の世界からの脱却にも通ずるわけで、〝払い〟のもつ効用が〝祓い〟と相通ずる内容と、看取できそうである。皮肉なことに工芸品として中世の日本刀は中国に輸出されたが、実際はかなりの部分が鋳直され、銭に化けたらしい。とすれば、太刀が銭になり、全ての〝縁〟を〝断ち切る〟局面の中で、この問題を検討し直すのも、おもしろいかもしれない。以上は義経と〝無縁〟な雑談である)。

首尾よく敵を射落とすや、従者たちが敵の首級をかき落とす、といった具合いである。むろん、以上は一つのモデルケースではあるが、一ノ谷戦でも局地的に言えば、こうした戦さぶりがあちらこちらで展開されたことだろう。ちなみに、武具である弓矢については、「弓馬《きゅうば》の道」とか「弓矢《ゆみや》の習《ならい》」とか表現されるように、中世武士の象徴であった。

では、なぜに〝弓矢〟が、武士の象徴なのか。この一見、平凡な問いに答えるのは、なかなか容易ではないが、法制史家の中田薫氏が古くこの問題に言及しており、参考となろう。西欧との比較法制史の立場からドイツ騎士団とわが国の武士団の相違を「楯《たて》」と「弓矢」の機能を通じて論じたものであった。すなわち、一方を「防禦の具」、他方を「攻撃の具」として位置づけ、そこから彼我の戦士身分たる騎士と武士の法的地位に言及したものであった。

「我中世以降弓馬又は弓矢（箭）を以て武士武門の象徴として居たことは人の知る所である。……然るに独逸の中世では楯と紋とを騎士階級（Ritter）の象徴としていた。……彼我共に武器を以て武人の象徴となしたことはもとより偶然の一致であろうが、我にあっては攻撃の具を用ゐ、彼にあっては防禦の具を用ゐたのは誠に興味ある対照と言ふべきである。」（『法制史論集』第三巻下、岩波書店）

この対比はおもしろい。たしかに〝弓矢〟は攻撃を目的とした武器に違いない。だが、これだけでは中世武士の象徴がなぜ〝弓矢〟であったかという問題は依然未解決なのである。おそらく右の問いには、武士発生の根源にかかわる問題も含まれていると考えてよいであろうが、一つの有力の見方として次の点は指摘できるだろう。

わが国の場合、歩兵を中心とする律令軍国制の解体にともない、一〇世紀以降の王朝国家段階には、もはや大規模な歩兵制が展開される条件は存在しなかった。たしかに軍団兵士制においても弓矢は存在したが、これは騎射を中心とするものではなくむしろ弩《ど》とよばれる大仕懸けの弓が中心であった。こうした騎兵を中心とした精兵《せいひょう》主義への移行は、八世紀末から九世紀の蝦夷戦を通じて、その歴史的体験より学んだものであり、とりわけ東国では九世紀に弓馬により武装した群党の活動が活発化し、これを追捕するために、弓射騎兵の軍事集団が編成される

（戸田芳実氏「国衙軍制の形成過程」『中世の権力と民衆』所収、創元社）。

前章でもふれた坂東八平氏の源流も、こうした国家の軍事的・政治的対応の中で東国に投入された辺境軍事貴族であった。東国のこうした歴史的条件が騎馬を主体とした弓矢戦に長じた武的集団の形成に促進的な役割を果たすこととなったわけで、十世紀以降、固定化する「兵ノ家」という職業的戦士身分はこうして登場することになる。

❖中世の馬

「弓馬の道」にふれたついでに、〝馬〟についても説明しておこう。軍記物の世界での話とはいえ、一ノ谷合戦での義経の〝坂落し〟にしても、宇治川の〝先陣争い〟でも、人馬一体の妙技が戦さに色どりをそえる役割を演じたことになっている。〝弓矢〟とともに武士たる身分を象徴するのは、騎馬にあった。

源平期の馬の実際を検討すると、想像以上に体高が低いことがわかる。サラブレッドを見慣れている、我々の目からすれば中世の馬との相違はかなりのものがあったろう。やや時代は下るが、中世馬の体高を裏づけるデータとして有名な鎌倉市材木座遺跡からの発掘報告がある。元弘三年（一三三三）の新田義貞《にったよしさだ》の鎌倉攻略での戦死者と思われる人骨とともに発掘された多くの馬骨から、当時の馬の体高（背中の一番高位な部分より地面までの高さ）は最大でも一四〇センチメートル前後と想定されている。平均一三〇センチメートルといったところだという（林田重幸氏「中世日本の馬について」「日本畜産学会報」二八―五）。サラブレッドの体高は一六〇～一六五センチメートルとされているから、その大きさも想像がつこう。

中世では、馬高四尺（一二一センチメートル）が定尺とされ、それを越えるとあとは一寸、二寸と数えられた。名馬とされているものは、八寸（一四五センチメートル）前後のものが多かった。例の「宇治川の先陣争い」での佐々木高綱の名馬〝生唼《いけずき》〟は八寸（四尺八寸）であったという。義経の〝青海波〟は体高七寸（一四二センチメートル）というから、やはり名馬であったに違いあるまい。〝糠部《ぬかのぶ》の駿馬《しゅんめ》〟と古来から定評があるように、奥州産のものが重宝がられたらしい。奥州平泉が頼朝に攻略されたおり、国衡《くにひら》（泰衡の兄弟）が駕《が》した名馬〝高楯黒《たかたてぐろ》〟は「奥州第一の駿馬」とされ、『吾妻鏡』には体高「九寸」（一四八センチメートル）と記されている。

こうした名馬はむろん例外であって、ごく一般的には今日の木曽馬クラスの在来馬が、馬高・体重ともに中世の馬に近いとされている。木曽馬の場合、速度は時速約四〇キロメートル、サラブレッドが大体六〇キロメートルというから、スピード面でも隔りは明らかであろう。ちなみに、中世ヨーロッパの軍馬は平均体高およそ一五・二ハンド（一ハンド＝一〇・二センチメートル）すなわち一五五センチメートルとされている（加茂儀一氏『騎行・車行の歴史』法政大学出版局）。この点よりすれば、わが国の中世馬はより小柄だったということになる。こうした中世馬に弓箭《きゅうせん》を帯び、大鎧《おおよろい》に身をかためた武者が騎乗するのである。馬上での大立ち回りなど、どう考えても無理があり、全馬力で突撃する雄壮な姿をそこに想像することは困難である。

〝矢合わせ〟、〝名乗り〟から始まる合戦のルールも、極端な言い方が許されるとすれば、日本の中世馬の体力（馬力）に規定されたが故のことではなかったか。武者の晴れ舞台としての戦場で、パフォーマンス的要素たる敵味方双方の〝名乗り〟も、実は重装備の騎乗武者の鈍重な動きに合致した必然的な行動だったのかもしれない。そして、義経と彼が率いた東国武士が、合戦でのルールを無視したとすれば、無視し得るだけの良馬獲得の条件があったからで、東国の風土はそうした駿馬を再生産する上で西国以上のものがあったと言ってよいだろう。その意味で東国の勝利は、東国馬の勝利と表現できそうでもある。

中世の馬の原形に近いとされる木曽馬でもそうだが、これを育んだ東国方面は多くの火山帯が走り、山麓には広い原野が形成されて放牧の適合地が多く、律令時代以来勅旨《ちょくし》牧や官牧が設置されていた。こうした風土的条件もまた駿馬を主体とする東国武士の在り方と無関係ではなかった。

後白河法皇と義経

❖都の英雄

一ノ谷合戦の勝利は翌八日、京都の法皇のもとにもたらされた。この勝報は同時に鎌倉にも報告されている。義経が帰京した九日後、範頼をはじめ東国武士が続々と凱旋《がいせん》してきた。だが戦勝者をむかえる法皇以下の京都政界では複雑な空気もただよっていた。長年、政界にあり、それ故に多くの知己も多かった平氏一門の有力諸将の首級が、獄門に懸けられようとしている。この件については既に義経から法皇に、平氏一門の首級を義仲の先例にならい、大路渡しを行った上で獄門にさらす旨の申し入れがなされていた。法皇も迷いあぐねた。なにしろ平氏は朝廷に仕えて年久しいものがあり、義仲の場合とは同列ではなかった。相談をうけた大臣・公卿の中には平氏同情論も多かった。兼実なども「首を渡さるの条、不義というべし」(二月十日条)としている。

三種の神器の返還こそを第一の大事とすべきであり、もし首を獄門にさらすことを認めれば、ますます「怨心」をおこすことは必定《ひつじょう》だとしている。だが強硬派の義経あるいは範頼は納得しなかった。私怨とはいえ、平家による父義朝に対する仕打ちを説く兄弟の強硬な申し入れの前に、ついに法皇もその申請を許すこととなった。なにしろ都の治安は彼等の手にかかっている。ここで第二の義仲を生み出しては、との思慮もはたらいたのであろう。義経にとって、見果てぬ父義朝への思慕は、固く結晶化していた。それだけに平氏に対する怨みには、より厳しく鋭いものがあったのかもしれない。義経の、あるいは範頼の執念にも近い執拗な態度が朝堂の決定を動かすこととなった。

それはともかく、帰京した義経へ熱い視線が注がれたことは間違いない。鎌倉の頼朝は勝報受領後の十八日、京都に使者を送り、洛中警固の指示とともに新たな勢力圏に入った中国諸地域五ヶ国の占領政策を指示した。京都及び畿内諸地域は都にとどまった義経がその任にあたり、また播磨・美作《みまさか》は梶原景時が、備中《びっちゅう》・備後《びんご》は土肥実平がそれぞれ軍事的指揮官となって、守護することとなった。義経以下これら頼朝の代官たちに与えられた権限は治安の維持を軸とする軍政的諸権限であった。とりわけ、播磨以下五ヶ国の新たな占領地域での軍政は緊急を要した。国衙在庁に対する指揮権を含め、国内からの兵粮米の徴集権、さらには当該地域の在地武士の所領成敗権等々広汎な権限が与えられていたと考えられる。

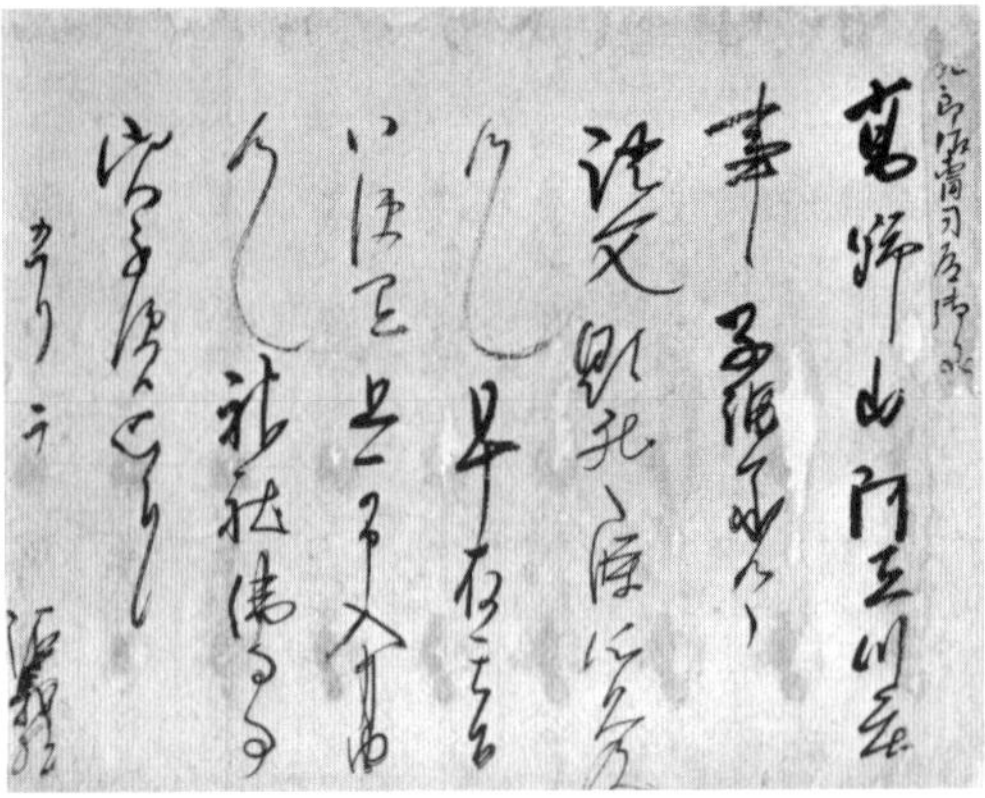

義経自筆書状　元暦元年、一ノ谷で平氏の軍を破った後、義経は京都で軍事的支配権をもち民事裁判の処理にも当たっていた。（高野山文庫）

こうした一国ないし数ヶ国レベルでの軍政官を「国地頭」の前身とする考えが学界で有力になりつつあるが、呼称の是非は別にしても、この時期の占領地域にあっては、治安維持的守護機能の職責が求められており、それに付属する諸権限は、いずれも臨時的なものと判断される。このことは京都警固の最高指揮官となった義経の場合も同様であった。

兄範頼が鎌倉に帰還した状況の下で、頼朝が代官である義経に託した権限は大きなものがあったろう。事実、頼朝は二月二五日付の朝廷への言上状で「平家追討事」の一項をあげ、「右畿内近国、源氏平氏と号し、弓箭《きゅうせん》をたずさえるの輩《ともがら》ならびに住人等、義経の下知に任せて引率すべきの由、仰下さるべく候」（『吾妻鏡』）と記し、畿内周辺の武士一般の指揮・命令権を義経に与えるように奏請している。

この時期、義経は多忙を極めた。鎌倉側の代表者として、京都側との接渉にあたる仕事もあっただろう。治安維持や在地武士の統率にかかわる軍政官的仕事もあったろう。さらには所領紛争にかかわる民庶の裁判的仕事もあったろう。今日残されている義経自筆書状にも、そうした都での活動ぶりが窺える。この年の三月、紀伊国高野山から阿氐河庄《あてがわ》が寂楽寺《じゃくらくじ》のために押領された旨の愁状が届けられたが、五月二日付の書状で義経はその狼藉《ろうぜき》を停止すべき旨の裁断を下している。

ともかくも、一ノ谷合戦以後、翌年の屋島の戦いに至る一年間、都の義経にとっては忙しくも充実した歳月を過ごすことになる。おそらく彼の生涯の中でも数少ない最良の日々であったろう。ただしそうした平穏な日々のうちにも、兄頼朝との確執につながる芽は、成長しつつあったのである。

❖任官への誘惑

少壮にして気鋭というお定まりの形容の器からはみ出しそうな義経は、たしかに〝自負の人〟でもあったようだ。このことを語る材料は少なくない。それにしても有名な検非違使《けびいし》任官問題は、〝自負の人〟義経のサクセスストーリーを語るものであったが、他方没落の予兆でもあった。彼は一ノ谷の戦勝後しきりに官途の推挙を兄頼朝に望んでいる。が、その年の六月五日の小除目《こじもく》では、頼朝より推挙をうけた範頼・源広綱《ひろつな》（頼政の子）・平賀義信《ひらがよしのぶ》がそれぞれ、三河《みかわ》・駿河《するが》・武蔵の国守に任ぜられただけで、義経は任官から除外されていた。その理由は定かではないが、義仲追討や一ノ谷での戦功をわがものとする義経にとって、右の結果に少なからず不満をいだいたことは想像に難くない。

ただしこのことをもって頼朝の義経に対する警戒心の現われだ、などと考えるのは早計だろう。頼朝はその翌年（一一八五）にはいわゆる源家六人受領の一人として、義経を一州の国司に推薦している。また河越重頼《かわごえしげより》の息女を義経と結婚させるべく上京させてもいる。河越氏は武蔵国の有力御家人で彼女は頼朝の乳母《うば》であった比企《ひき》尼の孫女にあたる。河越重頼と同様に、比企尼の婿にあたる有力御家人の安達盛長《あだちもりなが》の娘が、範頼の妻となっており、このあたりのことを考えれば、範頼・義経への兄としての気配りさえ感じられる。この義経の婚儀がなされた時期は、既に検非違使任官問題が表面化していたわけだから、公私を峻別する頼朝の態度に〝大人〟を見ると言えば、余りな過大評価となるだろうか。

ここで個人の資質を云々してもはじまらない。重要なことは、この任官問題がもたらした波紋である。元暦《げんりゃく》元年（一一八四）八月六日、義経は頼朝の推挙もなく、突然検非違使左衛門の尉《じょう》に任ぜられた。もちろん法皇の意志によってである。頼朝は自身の推挙なく朝廷の官職に任ぜられることを禁じていた。兄弟であろうと古くからの家人であろうと、鎌倉殿が定めたルールへの違反は許されなかった。朝廷との接触は頼朝を通さなくてはならない。この鉄則が破られた。任官のことを伝え聞いた頼朝は当然のことながら激怒した。しかし義経にはこの激怒の意味が理解されていなかった。『吾妻鏡』はこれを次のように伝える。

八月一七日、源九郎主の使者参着す、申して云ふ、去ぬる六日左衛門少尉に任じ、使の宣旨を蒙《こう》むる。これ所望の限りに非ずといへども、度々の勲功黙止され難きにより、自然の朝恩たるの由仰せ下さるるの間、固辞すること能《あた》はずと云々。このこと頗《すこぶ》る武衛《ぶえい》（頼朝）の御気色《みけしき》に違《たが》ふ。範頼・義信等の朝臣受領のことは、御意《ぎょい》より起り挙げ申さるるなり。この主のことは、内々に儀あるも、左右《とこお》なく聴されざるのところ、遮《さえぎ》って所望せしむるの由御疑ひあり。およそ御意に背かるること、今度に限らざるか。これによって平家追討使たるべきこと、暫《しばら》く御猶予ありと云々

要するに義経の弁明では、これは決して自分から望んだものではなく、法皇が自分の勲功を無視し得ぬとして任官されたこと、このため固辞できずに受諾したというものである。これに対し、頼朝側の反応が述べられている後半部分には、かつての頼朝の推挙による場合とは異なり、義経の方が鎌倉の方針を無視し任官を望んだ疑いも強いこと、こうした行為は今回ばかりではないこと、これがためにしばらくは義経を平氏の追討使から除外する、ということが述べられている。

鎌倉サイドからの『吾妻鏡』の所伝であり、やや割引きして考えなければならないにしても、義経の行為が頼朝の気分を害したことは事実であった。たとえ、そこに述べられていることが

義経の真情だとしてもである。朝恩に感激したであろうし、一方では兄の不快を悲しんだことでもあろう。だが、この問題は頼朝対義経という次元を超え、頼朝の関東と朝家の問題をはらんでいた。一個人の官位の問題より進んで、天下の秩序にもかかわる政治問題でもあった。

義経はその後、九月には従五位下に叙せられ、大夫判官の地位につき、翌月には院内の昇殿《しょうでん》を許されるまでに至った。こうした事態が頼朝を刺激したことは疑いないし、一方で官位のことは、もとより朝恩に属することを承知しつつも〝しこり〟を残すこととなった。

❖兄の心・弟の心

ところで、この〝しこり〟についてはしばしば指摘されることがある。後白河法皇が影の暗躍者であったと。明治の在野史家山路愛山以来、この通説は巷間に流布してきた。たしかに法皇には陰謀を好む性向がなかったとはいえない点も多々ある。近くは義仲の強盛を排するために行家を擁護して、両者の離反を策したとか、あるいは頼朝の鎌倉が強大化すると、これをおさえるため義経を利用し、両者を分裂させたとか、ともかくこの人物の評価はどうも策士という面で定着してきている。

それは江戸時代の『大日本史』以来の人倫的モノサシからの流れでもあろうが、後世より見れば偶然が必然と解釈されることはよくある。後白河法皇の策謀家としての人物評が、義経・

頼朝の離反を策せんがため、義経をことさら引級したかのごとき解釈を与えたのであろう。法皇が義経を厚遇したことは確かだとしても、これを計算された法皇の行為とまで解するのは、いかがなものか。少なくとも頼朝が法皇をどう見ていたかという問題と後白河の個人的意志とは別の問題だろう。

〝スジ〟の通し方という場面からいえば、頼朝は自己の立場において通しているわけで、検非違使を拝した義経にあっても、この点は同様だった。彼はただ、その通し方を誤っただけである。本来鎌倉殿代官としての彼の立場からすれば、頼朝に対しての無断任官はやはり、ルール違反なのである。都の英雄義経の慢心は公武の協調の〝スジ〟しか見えなかったのだろう。「自然の朝恩たるの由仰せ下さるるの間、固辞すること能はず」との義経の気持ちは、軍政官として王朝国家との交渉を続けなければならない、苦渋の表現とも言える。右の弁明を義経の〝甘さ〟と断ずることはやさしいにしても……である。

義経のルール違反は「平家追討使たるべきこと、暫く御猶予あり」との結果をもたらした。頼朝は早い段階で九州方面に範頼と、四国に義経を派遣し、源氏の大包囲網を展開するつもりだったようだ。頼朝という人物は、徹底した合理の人だった。

余談になるが、家康が『吾妻鏡』の愛読者だったことは、よく知られている。その家康が晩年に駿府《すんぷ》で家臣に語った話がある。家康が「頼朝の弟たちに対する処遇をどう思うか」と問うと、家臣は「非常なり」と答えたという。ここで家康が、「それは判官贔屓というもので、理非を分明することこそ、天下の主たるものの本意である」と論破する場面がある。『徳川実紀』に載せる逸話であるが、家康にとって頼朝は〝政の師〟とでもよぶべき人物だった。家康が長幼の序列を重視したことはよく知られているが、中世の扉を開く頼朝もその意味では序列なり秩序なりを重視したルールの人であった。

義経に軍略的才があったとしても、そして戦功があったとしても、兄範頼を排して義経を優遇する人材主義には距離をおいていたに違いない。それが頼朝の理非でもあった。人材主義が時として効力を発揮することはある。しかしそれが、一方ではライバル意識を助長させることも事実である。激動・争乱の時代であればこそ、ルールを乱す者は許されない。たとえ弟義経であろうとも同じである。義経が官の推挙を望んでいたことは、頼朝とて充分承知していた。だがまずは範頼でなければならなかった。

宇治川でも一ノ谷でも、範頼の大手大将軍、義経の搦手大将軍という陣容は、その意味では当然であったろう。『吾妻鏡』には任官問題が引き金で義経が追討軍から排されたと記されているが、実際には範頼が平家追討使として九州方面に出陣することは既定路線であり、義経任官問題以前にその決定を見ている。かりに『吾妻鏡』の理解を信ずれば、範頼軍の西海下向と前後して義経にも四国方面への出撃命令が下るはずであったのを、延引したと解するのが自然であろう。

❖範頼の長征

その範頼が鎌倉を出発したのは八月八日のことである。北条義時・足利義兼・武田有義・三浦義澄《よしずみ》・千葉常胤・結城朝光《ゆうきともみつ》・和田義盛以下、錚々《そうそう》たる顔ぶれである。範頼は同月末、京都に入り平氏追討の官符をうけ、九月一日に九州を目ざし山陽道を西下した。考えてみれば源平の争乱は戦史上かつて例を見ないほどの大規模な移動であったといっていい。

日本国内を舞台に〝ヒト〟と、〝モノ〟が行きかったのは中世のこの時期と幕末・明治の近代黎明期の二つだけである。前者は東国から西国へ、後者は西国から東国へという違いはあるにしても、変革期の戦争の在り方を示す一つの例であろう。しかも〝追討〟という旗印をかかげての行為だとすれば、なおさらであろう。

ここで言おうとしているのは、戦争や合戦の内実の問題ではなく、形式を問題にしている。その意味では歴史の変革期は〝官軍〟をつくり出さねばならなかったのかもしれない。とすれば、それを利用しなければ誕生し得なかった中世日本の中味とは、あるいはそれを利用することによってしか武家を打破し得なかった近代日本の中身とは、一体何であったのか。考えてみてもいい問題だろう。

屋島の合戦

❖渡りに舟

話題がそれたが、この範頼軍の壮大な遠征が九州を目ざし長門へと達したころ、これを迎え撃つ平氏軍も勢力回復を企図していた。一ノ谷の敗北後、屋島を拠点に兵力の再建にかかっていた宗盛以下の一門は、西海方面からの兵力・物質の徴発につとめていた。屋島の他に長門《ながと》の彦島《ひこしま》にも拠点をきずいていた平氏は、瀬戸内方面の制海権を掌握し劣勢を挽回しつつあった。海上輸送による補給ルートを断念しなければならなかった源氏軍にとって、山陽道の陸上輸送ルートは長すぎる。兵糧の欠乏は厭戦気分を助長させることになる。

船も馬も集まらない。範頼はこの年の十一月から十二月にかけて頼朝に窮状の模様を度々伝えている。範頼軍が長門に着いたころ、屋島の平氏から対岸の備前《びぜん》の児島《こじま》に平行盛《ゆきもり》（清盛の孫）以下五〇〇余騎が派遣され、山陽道を押さえられてしまう。補給路を遮断された上に、九

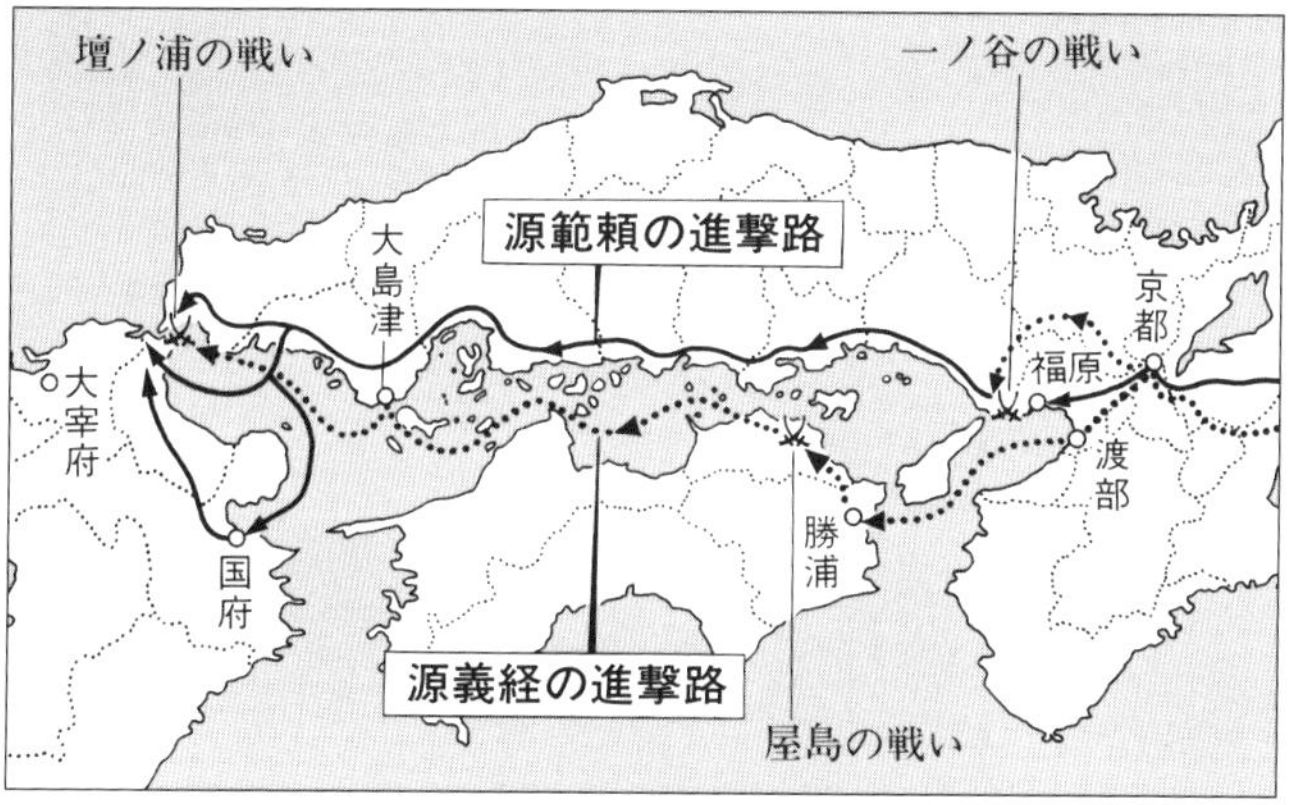

壇ノ浦に至る進路図

州よりの物資も関門の彦島を拠点とする平知盛《とももり》（宗盛の弟）のために長門には持ち込めない。源氏勢は進退きわまっていた。

　事態が好転しだしたのは翌文治元年（一一八五）正月に入ってからであった。「粮絶え、船なく、不慮の逗留数日に及ぶ、東国之輩、頗《すこぶ》る退屈の意あり、多く本国を恋す」。『吾妻鏡』にはこうした記述に加えて、有名な和田義盛でさえ、ひそかに鎌倉に帰ろうとしたほどであったことを載せ、「なんぞ況《いわん》やその他の族《やから》においておや」と指摘している。九州渡海の兵船の調達が思うにまかせない状況の下で、豊後《ぶんご》の臼杵惟隆《うすきこれたか》・緒方惟栄《おがたこれひで》らが兵船八二艘を、周防《すおう》の宇佐那木遠隆《うさなぎとおたか》が兵粮米を献じたことにより、何とか範頼軍は豊後に渡ることができたという。

　食なく、馬なく、船もなしという、無い無い尽くしの状況の下で〝渡りに船〟とはこのことであったろう。正月二六日、船出した源氏勢は二月一日に豊後に上陸、ようやく平氏軍の背後をつくための拠点づくりに成功した。「国の費《つひ》へ、民のわづらひ」（『平家物語』）とされた半年におよぶ大遠征も終わりに近づきつつあった。

❖「存念あり」

さて、義経はどうであろうか。都で髀肉《ひにく》の嘆《たん》をかこちつつも、例の任官問題以来、半年が過ぎようとしていた。この間、範頼軍の苦境が伝えられていても、頼朝より何ら音沙汰もなかった義経のもとに、突然出撃の命が下った。二月初旬のことである。源氏軍苦境の中で鎌倉の頼朝は、再度の義経起用にふみ切ったのである。『吾妻鏡』によると、義経が讃岐の屋島に向けて出陣したのは、二月十六日酉《とり》の刻（午後六時）であったという。

その時、院の使者高階泰経《たかしなやすつね》が義経の船出前の旅宿を訪れている。軍勢の行勢を見るためと称して摂津の渡部津《わたなべつ》まで来たとある。彼が義経に「自分は兵法には素人だが、大将軍たるものが先陣を競うのはどんなものか。まずは次将を派遣するのがいいのではないか」と述べたのに対し、義経は、「殊に存念あり、一陣において命を棄てんと欲す」と答えたという。要するに「自分には思うところがあるので、先陣で命を燃やしたい」という程の返答だったろう。義経が泰経に語ったというこの「存念」の真意がどのあたりにあったのか。むろん想像でしかないが、無断任官以来、兄頼朝との感情的対立により鬱屈《うっくつ》した状況を、この一戦に懸けようとする意気込みがあったのかもしれない。おそらく、そうであったろう。「存念」の人義経はたしかに直情の人でもあった。

以下は〝小説〟的世界の言い回しに属することだが、義経という人物、「存念」により「命を棄てんと欲す」ことがよほど好きだったように思われる。後のことだが、頼朝との間がいよいよ決裂したとき、頼朝の東国軍を相手に美濃・尾張方面で自らが出撃し、「命を棄てんと」放言している。精神分析など、およそ歴史学の外のことではあるが、彼が〝我武者等〟で〝猪《いの》武者《むしゃ》〟的要素を同居させていた人物であったことは、間違いなさそうである。これを蛮勇と言うか、勇気というかは別にしても、〝思い込み〟の部分で生きられる珍しい人間であったかもしれない。

義経の政治的音痴さはこの点とかかわっている。人間関係におけるバランス感覚の欠如ともいうべきこの音痴さ故に、泰経の言葉ではないが、将たる器が疑われたとしても、これまた致し方がない。他方、頼朝の場合、かつて挙兵の直前、数人の家人に挙兵の秘事をあかす場面がある。それぞれを別室に呼び、「お前だけに話すが……」と切り出す。むろん〝信頼できる伝記〟『吾妻鏡』に載せる話のことではあるが、こうした人間操縦の妙とでも言える部分を頼朝は原形質として持ち合わせており、これまた珍しい人物であった。この埋め難い両者の気質の差は、政治的緊張の拠点たる京都と鎌倉に身を置く両者にとって分かち難い溝として横たわるようになる。さらに言えば、『リバイアサン』の心音と呼吸は、京都の義経よりは、鎌倉の頼朝の方が遠いだけに鋭敏だったのかもしれない。もう少し続けると、この京都の義経的なものと鎌倉の頼朝的なものの差が、〝風聞〟という触媒により、増幅され精神的化学変化につながる。

判官贔屓にとっては憎むべき存在として梶原景時という人物がいる。頼朝のスポークスマンといっていい景時が〝東国的都人〟の気分を同居させていたことは前に述べた。かりにその定評を信ずるとすれば、その〝風聞〟という触媒により出来上がった精神の結晶を、さらに強めるために大いに機能したに違いない。

『平家物語』に見えている有名な義経と景時との「逆櫓《さかろ》」の論争は、この屋島渡海の折のことであった。義経を〝猪武者〟と評したのは、他ならぬ景時であった。船軍《ふないくさ》をどう進めるべきかで評定がなされたとき、景時は、今度の合戦には船の進退が自由になるように、舳先《へさき》と艫《とも》にも櫓をつけることを主張した。義経は「合戦にあたっては一歩も退くまいと思う気持ちこそ肝心だ。状況により退却も仕方がない場合もあろうが、出陣にさいし最初から逃げ腰であったら、よい結果など得られようはずがない」と、これに強く反対した。が、景時は「よき大将軍とは進退をよく見極めて行動し、それにより敵を滅ぼすこともできる。ただ前進あるのみとするのは、猪武者とかわらぬではありませんか」と反駁したという。情勢主義の景時と精神主義の義経、この両人の論争は時代を越えてなかなかおもしろいものがある。

史実かどうかは別にして、これに類した感情的対立はあったに違いない。戦略論からいえばゼロに等しいこの義経の精神主義は、確かにカッコよく、書生論としては正論ではあろうが、それ以上のものではない。義経のこの特攻的精神に景時は辟易《へきえき》したに違いない。船軍になれない東国勢を率いる場合、景時の指摘は道理であり、合理であった。だが、この武略の才人義経の前では武運が幸運としてのみ現われていたこともあり、彼は強引に進撃した。

❖屋島の戦い

義経は四国に渡った。このとき、遠く阿波《あわ》方面から迂回し内陸から屋島の背後を衝《つ》く作戦を展開している。種々の諸記録より類推すると、暴風雨のため延引となった渡部津からの渡海は、十七日の丑《うし》の刻（午前二時）の頃だったとされている。翌十八日卯《う》の刻（午前六時）に阿波の勝浦浜（徳島市内）に上陸した義経軍一五〇余騎は同地の武士近藤親家《ちかいえ》を道案内として、長駆して讃岐《さぬき》に向かった。

夜を徹しての強行軍で、十九日辰《たつ》の刻（午前八時）には屋島内裏《だいり》の背面に出た。そこで義経軍は、まず牟礼《むれ》および高松（古高松）の民家に火を放った。大軍の襲来をよそおってのことであろう。正面の海上よりの攻撃を予想していた平氏軍は、意外な奇襲で狼狽したのであろう、屋島の陣地をすて、海上にのがれたという。「先帝（安徳天皇）内裏を出でしめたまい、前内《さきのない》

現代の屋島（©交通公社フォトライブラリー）

府《ふ》（宗盛）また一族を相率い海上に浮ぶ」と『吾妻鏡』はそのときの模様を伝える。勢いに乗った義経は田代信綱《のぶつな》・金子家忠《いえただ》・同近則《ちかのり》・伊勢《いせ》義盛《よしもり》等をともない水際に馳せ向かい、船上の平氏軍と矢戦を展開、他方佐藤継信・忠信・後藤実基・基清《もときよ》らは屋島陣内の舎屋を焼き払った。

その様子は「黒煙天にそびえ、白日光をおおう」ありさまであった。平氏軍の中でも越中盛継《もりつぐ》・上総忠光《ただみつ》など下船して海岸で応戦する勇者もおり、佐藤継信はこのため討死した。佐藤兄弟は平泉以来の義経の股肱《ここう》の臣であり、義経の悲嘆も大きく、僧侶を招き、法皇から送られた秘蔵の名馬「太夫黒」を僧に送り、供養している。『吾妻鏡』はいう。「これ戦士を撫するの計ひなり、美談とせざるはなし」と。

その後二一日には源氏軍の数が意外に少ないことを悟った平氏勢は、屋島を奪回するために東方の志度《しど》湾を回って志度寺に籠った。義経は八〇騎を率い、これをただちに攻撃している。この頃平氏側に降人《こうじん》が出たり、伊予の河野《こうの》通信《みちのぶ》が三〇艘の水軍を率い源氏に加勢してきたり、さらに熊野の別当湛増《たんぞう》が同じく水軍を率いて来陣したこともあり、戦いは終局をむかえつつあった。なお、作戦上で対立を生じた梶原景時軍が屋島に到着したのは合戦がほぼ終了した二二日のことであったという。

❖屋島戦の逸話

合戦に逸話はつき物であるが、一ノ谷の戦いとともに奇襲作戦で勝利をおさめた、この屋島戦でも義経の周辺には多くの逸話が生まれている。佐藤継信の場合もそうだ。彼がこの合戦で討死したことは事実だが、『平家物語』などでは、『吾妻鏡』によれば一ノ谷で戦死したとされる能登守教経《のとのかみのりつね》が活躍している。彼の強弓の前に義経の命も危険であったが、継信が身代わりとなり戦死したというストーリーが展開されている。死の直前に「主の御命に代りて討たれたりなど、末代までの物語に申されんこそ、今生《こんじょう》の面目、冥途の思出にて候へ」と語り、義経の涙をさそう場面が描かれている。

義経は涙の人であった。というよりは、源平の武将はこの義経に限らず感涙にむせぶことを、何ら恥とはしていなかった。実によく泣いている。勇者たるもの〝涙を見せず、黙して語らず〟との意識は後世のことと言ってよいだろう。義経の継信に対する情深い行動を見て家人たちはみな涙を流し、「この君の御ために命を失はんこと、全く露ほどもしらず」と語ったとい

扇の的をねらう那須与一（源平合戦図屏風、赤間神宮蔵）

う。

「扇の的」として知られる那須《なすの》与《よ》一《いち》の話もこの屋島の戦いでのことであった。残照の海原に平家の女房が指し招く扇にむかい、与一の矢が放たれ、みごとに的中する。この場面は『平家物語』でもまさに圧巻といっていい。血煙にむせぶ戦場での一幅の名画だろう。「平家ふなばたをたたいて感じたり、陸には源氏ゑびらをたたいてどよめけり」との有名なくだりは、この戦さでのことだった。

だが、この与一のあとがよろしくない。妙技に感じ舞をまった平氏側の男をも射てしまった。遊び心を解し得ない坂東武者の振る舞いは、たしかに興ざめであった。もっとも、これは与一の責任とばかりは言えない。義経が命じたのである。与一のもとに伊勢義盛をおもむかせ「御定《ごじょう》よ、つかまつれ」と言わせた義経の無情さは何としたことか。

そして逸話をもう一つ。「弓流し」である。戦さの最中、海に深入りした義経は防戦に熱中するあまり弓を水中に落としてしまった。馬上から鞭でこれを拾おうとする源氏の大将に、敵は間断なく攻め寄せてくる。「ただすてさせ給え」という味方の声をふりきり、義経は命からがら自分の弓を拾い上げ引き返した。味方の難詰《なんきつ》に義経は笑いながら、「尫弱《おうじゃく》たる弓をかたきのとりもって、『是こそ源氏の大将九郎義経が弓よ』とて、嘲哢《ちょうろう》せんずるが口惜《くちおし》ければ、命にかへてとるぞかし」と答えたという。誇りの人義経の面目躍如といったところだろう。

義経の弓はその体軀からすればたしかに強弓ではなかった。敏捷《びんしょう》さにすぐれたこの武将は、おそらく一騎討ち戦には不向きだったに違いない。この「弓流し」の場面で義経は、「おじの為朝《ためとも》が弓の様ならば、わざとも落してとらすべし」と語っている。『保元物語』には為朝は五人張の強弓を用いたとあり、滝沢馬琴《たきざわばきん》の名作『椿説弓張月《ちんせつゆみはりづき》』ではないが、彼は一騎討ちの世界の英雄であった。

「弓矢とる身」という語があるように、武士にとって「弓矢」はその身分の象徴であった。奇襲というドライな戦法を得意とする義経にとって、弓を落とした行為は、〝弓矢とる身の面目〟という意識もさることながら、〝敵に対する面目〟として現われているあたり、彼の性格を示す上で興味深いものがある。

弓の話も少ししておきたい。一般に古代の弓は自然木や竹を削った丸木弓《まるきゆみ》が普通で、梓弓《あずさ》・槻弓《つき》・檀弓《ま》・柘弓《つげ》などその材質は種々であった。源平の段階には、既にこのような古代的な弓から脱し、彎《わん》弓形式の合成弓が登場していた。合成弓とはその名が示すとおり、弾力の異なる木弓を組み合せ、張力を倍加しようとしたもので、伏竹《ふしたけ》弓は代表的なものである。芯に用いられる用材は従来と同様であっても、木弓の外面に竹を鮸膠《にべ》（にかわの一種）で貼りつける工夫がほどこされている。この伏竹弓の内面にさらに竹を加えた三枚の打弓などもこの時期には登場しており、弾力の増強と威力の倍加がますます進んでいた。

『平家物語』にしばしば表現されている「重籐《しげどう》の弓」というのは、折損も多いこれらの合成弓の弱点を補強し、合わせて、木と竹それぞれの弾発力を一体化するために強度な締が必要とされて、要所・要所を、籐づるで幾重にも巻いた弓のことを指している。為朝が用いたとされる五人張の弓を引くには相当な怪力が必要とされることも想像がつこう。

壇ノ浦の決戦

❖屋島から壇ノ浦へ

平氏が屋島の拠点を失ったことは、その後の命運を決定的なものとした。瀬戸内制海権の一画が義経の手に奪われたことにより、戦略上から見て平氏はむずかしい局面に追い込まれることになった。二月一一日の讃岐の志度寺での合戦以後の義経の動向については不明である。義経が再び登場するのは、一ヵ月後の三月二一日、まさに壇ノ浦海戦の直前のことであった。おそらく来るべき海戦に備え、兵船の調達その他に多忙を極めたことだろう。ただ『玉葉』によると、伝聞ながら、その後、讃岐の塩飽《しあく》荘にいた平氏勢は義経の襲撃にあい、退却を余儀なくされ、安芸《あき》の厳島《いつくしま》に赴いたとの記事（三月十六日条）もあり、義経の行動をわずかに窺うこともできる。屋島敗走後、右のような経路をたどり、平氏は最後の拠点、長門の彦島に布陣した。既に平知盛により構築されていたこの陣営には多くの兵船が集結していたと思われる。

現代の壇ノ浦付近

鎌倉に屋島合戦の勝報が義経より届けられたのは、三月八日のことであった。翌九日には九州の範頼からの飛脚も参着した。相かわらず苦戦の様子が書状には綿々としるされている。民百姓が逃亡し兵粮の術が無いこと、加えて和田義盛・工藤祐経《すけつね》等の有力家人の帰参欲求も強く困っていること、また熊野別当湛増《たんぞう》が義経の推薦により追討使として、九州に向かったとのうわさがあるが、これが事実ならば、九州方面の指揮官として、自分は面目を失うことになろうこと、等々が書状に見えている。長征での苦況は推察できるとしても、この範頼という人物、安全運転の典型のような人だった。

　義経の武功に比し大軍を率いながら戦局を好転しきれぬ非力がこうした文面になって表現されたものであろう。が、〝それにしても何とも情ない弟よ〟と頼朝が思ったかどうか、それはわからない。しかし非凡な義経より凡庸な範頼の方が安全であることは確かだろう。決断力に欠けた範頼とそれに率いられた鎌倉武士の面々を、頼朝は憐憫《れんびん》を込めて督励する。範頼の前述の書状に対し、熊野の湛増の件はうわさに過ぎないこと、さらに千葉介常胤以下の有力諸将には別に書状をしたため、その労苦をねぎらったと『吾妻鏡』はしるしている。このあたりに頼朝の器の程がよく示されている。同時に以前から準備を進めていた兵船三二艘を積ませ、伊豆の鯉名《こいな》と妻良《めら》より出港させたことも見えており、物心両面での頼朝の手だても加わり、以後、源氏軍の大包囲網は徐々に平氏にむけられ、せばめられていった。

　範頼軍との挾撃作戦で平氏の討滅を目ざす義経軍は、その後兵船を増し、三月二〇日ころまでには周防《すおう》国に到着していた。周防には範頼軍に従っていた三浦義澄が、残留していた。東国勢にあって、数少ない海の武士団三浦一族は頼朝の石橋山敗走後、船をしたてて擁護した有力家人である。義経は周防に向かう途上、「汝は門司関を見るものなり、今、案内者と謂ふべし、然れば先登《せんど》すべし」と命じ、彼を先導者として選んだ。そして翌二三日には壇ノ浦の奥津《おくつ》のあたりに到着したのである。奥津は平氏の陣営から離れること三〇余町の距離にあたり、長府の沖の満珠島《まんじゅとう》のあたりだとされている。この間、周防の在庁官人で船奉行を勤める船所《ふなどころ》五郎正利《まさとし》なる人物が数十艘の船を献じるなど、山陽道諸国を含めた瀬戸内沿岸諸地域の武士の中にも、源氏軍に参陣するものがふえていった。

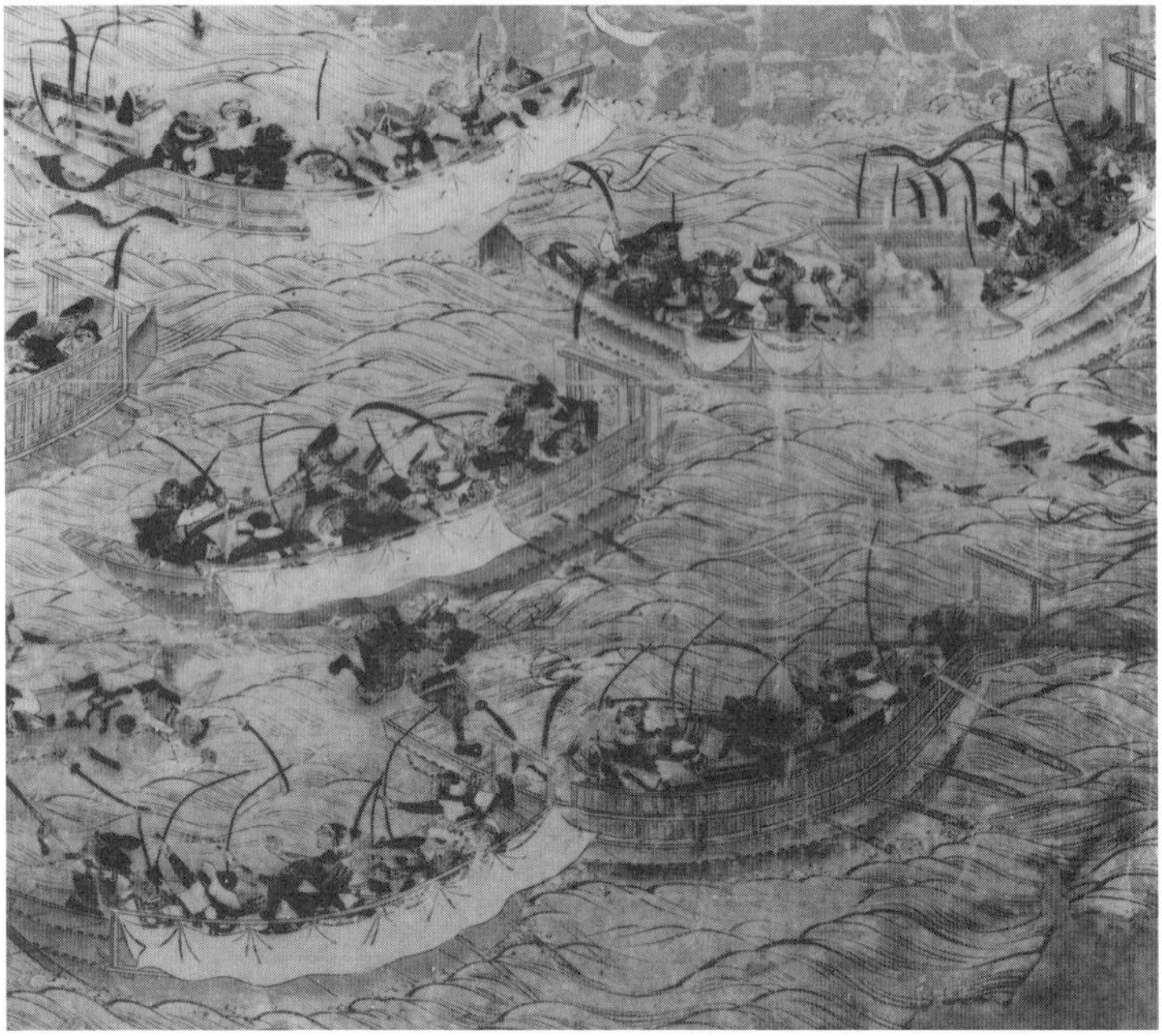

壇ノ浦の合戦（源平合戦図屏風、赤間神宮蔵）

❖決戦

『吾妻鏡』には、このときの源氏軍の兵力を八四〇艘と記している。これにたいし彦島に集結した平氏軍は五〇〇余艘。後方を範頼に絶たれた平氏にとって、これが最後の決戦であった。水軍に長じた平氏の死力をふりしぼった戦いが始まった。三月二四日卯の刻（午前六時）のことである。戦さは遠矢の応酬から開始された。

和田義盛が馬上より射る。その矢を船上より伊予《いよ》住人仁井《にい》親清《ちかきよ》が射返す。緒戦は潮の流れをたくみに読んだ平氏が優勢であった。『平家物語』には「門司・赤間・田ノ浦はたぎっておつる塩なれば、源氏の舟は塩にむかふて、心ならず押し落とさる。平家

の船は塩に逢うてぞ出来たる」とある。周防灘と玄海灘を結ぶ水路、赤間関の海上は、潮流が時刻とともに変化する難所である。この日の朝、折から潮の流れの最もゆるやかな時期を利用して、まず壇ノ浦に展開した平氏軍が源氏の水軍めがけて動き始めた。

義経以下源氏軍の本隊は、内海に東流していた潮の流れと平氏勢の果敢な攻撃の前に次第に敗色の様相を濃くしていった。が、この東流する潮の速さが激しさを増すと、これに乗った平氏の船は制御を失い、潮に逆行した源氏軍に有利な状況となったらしい。正午近く、平氏は劣勢に立たされ、潮の流れは源氏追撃の態勢へとかわっていた。外海へと西流する潮に乗った源氏勢の前に、離脱者が続出した平氏側の混乱は大きかった。「去三月二四日午刻、長門国において合戦す、正午より晡時《ひくれ》に至るまで、伐死《きりじに》の者といひ生取の輩といひ、其の数を知らず」（『玉葉』）とあるように、夕方には完全に勝敗が決していた。そして、この壇ノ浦でも多くのドラマが誕生した。が、平氏一門の悲話をここで語る余裕はない。『吾妻鏡』はこの壇ノ浦合戦を次のように語っている。

二四日丁未、長門国赤間関壇ノ浦の海上において、源平相逢ふ、おのおの三町を隔て舟船を漕ぎ向かふ。平家は五百余艘を三手に分かち、山《やま》峨《が》藤次《とうじ》秀遠《ひでとお》ならびに松浦《まつら》党らをもって大将軍となし、源氏の将帥に挑み戦ふ。午の刻に及び、平氏終《つい》に敗傾す。二品禅尼《にほんぜんに》（二位尼清盛妻）宝剣を持ち、按察局《あぜちのつぼね》先帝春秋八歳を抱き奉り、共にもって海底に没す。建礼門院（天皇の母徳子）は入水したまふのところ、渡部党の源《げん》五《ご》馬允《うまじょう》熊手をもってこれを取り奉る。按察局同じく存命、ただし先帝はつひに浮ばしめたまはず、若宮御存命と云々。前中納言教盛、門脇と号すは入水、前参議経盛（清盛の弟）は戦場を出で、陸地に至り出家し立ち還りてまた波底に沈む。新三位中将資盛（重盛の子）、前少将有盛朝臣（重盛の子）等、同じく水に没す。前内府宗盛・右衛門督清宗（宗盛の子）等は、伊勢三郎義盛のために生虜らる。その後軍士等御船に乱入し、あるものは賢所《かしこどころ》を開き奉らんと欲す、時に両眼たちまち暗みて神心惘然《もうぜん》たり、平大納言時忠制止を加ふるの間、彼ら退去しおわんぬ源平の争乱はここに幕をとじた。壇ノ浦の勝報が鎌倉に届いたのは四月十一日、折しも、頼朝は、亡父義朝の供養のための南御堂柱立に臨んでいた際だったという。このあたり、『吾妻鏡』的ともいうべき〝作意〟の臭いさえ感ずるが、それはそれでよいだろう。

❖義経らしさ

さて、壇ノ浦の合戦でもまた〝義経らしさ〟が見られた。義経らしさをどこに求めるか、議論も分かれよう。が、一応ここでは、合戦における奇襲・奇略という部分で考えることは許されるだろう。一ノ谷でも屋島でもそうであった、この〝義経らしさ〟の部分はこの壇ノ浦戦でもいかんなく発揮されている。もっとも、海戦が主体となったこの戦いでは、義経の出る幕は少なかった。例によって先陣を切った義経であったが、「大将軍九郎大夫判官、まっさきに進んでたたかふが、楯も鎧もこらへずして、さんざんに射しらまさる」との描写は『平家物語』のそれであるが、ともかく緒戦から劣勢であったらしい。

潮流がこの海戦での勝敗をわかつ一つの要因であったことは前に述べた。しかしそれだけではなかった。義経の奇策である。平氏の圧倒的優勢で進められたこの戦さで義経は突然部下に船をあやつる水手《かこ》・梶取《かんどり》を目標に矢を射かけさせたのである。非戦闘員に対する攻撃がルール違反であることは、当時といえども変わりはない。むしろ戦さの作法を重視するこの時代なればこそ、ルール違反の重みは大きいだろう。水手を失った平氏の船が激しい潮流に翻弄されたことは言うまでもない。攻守ところを変えるきっかけともなった一幕であった。

義経らしさと言えば、これまた景時との衝突がここでも見られた。『平家物語』の世界はこの両人の対立がよほど好きらしい。「どしいくさ」（同志戦）にまでなりかけたというこの事件の発端はこうである。景時が今度の合戦には〝是非とも先陣を〟と、願い出たが、義経はこれを一蹴する。〝自分がいるではないか〟と。〝その通りではございますが、殿は大将軍でいらっしゃるので、そのあたりをお心得下さい〟と反論する景時に対して、義経は〝自分はそんなことを思ってもいない。鎌倉殿こそが大将軍であり、自分は奉行の一人で多くの殿原《とのばら》と同じと心得ている〟と舌戦になった。〝天性、この殿は侍の主とはなり難し〟との景時のつぶやきに、〝日本一のおろか者が何と言うか〟と激怒し太刀に手をかけた義経に対し〝鎌倉殿以外に主はおらぬ〟と言い切った景時も、同じく太刀に手をかけたという。

緊迫感あふれる一コマである。感情の世界に属するケンカの是非は別にしても、この論争も大将の自覚欠如という、〝義経らしさ〟にあることは、明らかであろう。が、大将たるもの、率先してその手本たれ、との義経的な感覚も理解できないわけではない。目的先行人間ともいうべき義経にあっては、勝つための手段は副次的問題でしかない。この常識というモノサシでは測りかねた義経の個性はバランスなど必要としない。戦う人、義経にとって、宿敵平家の打倒こそが全てであった。〝バランス人間〟の典型、景時は泳ぎ＝世渡りの達人である。石橋合戦のおり、平氏を見限り頼朝に援助を与えた景時の聡明さとも言うべき、その先見性は、義経と相いれないものがあったろう。

この景時的尺度でいえば、義経の先陣ぶりが、時として〝高名の独占〟と映じたに違いない。常識と嫉妬を塩梅《あんばい》よくふりかけたようなこの人物は、その人格的周波数で一致する鎌倉殿に、〝御曹司危険なるべし〟と伝えたのだろう。想像ではない。壇ノ浦戦終了後の四月二一日、鎌倉に景時の書状が届けられている。屋島以後の西海合戦の様子が報告されているこの書状には、また「廷尉不義事」が指摘されていた。

そこには義経が戦功を「一身の功」としていること、平家討滅後の様子に「日来の儀」を超え、その所行に慢心さが出ていること、「関東の御気色」に相違するとの諫めに耳を傾けようとしないこと、等々が語られている。「それよりして梶原、判官をにくそめて、つゐに讒言《ざんげん》して失なひけるとぞきこえし」との『平家物語』の記述も以上のことと関連させるならば一層生きてこよう。

それはさておき、この壇ノ浦海戦では有名な義経の「八艘飛《はっそうと》び」の話も生まれている。身軽さもまた〝らしさ〟の一つだった。例の教経は『平家物語』の世界では、大長刀《なぎなた》をもって獅子奮迅のはたらきをする。この教経につけねらわれた義経、「判官かなわじとやおもはれけん、長刀脇にかいばさみ、みかたの船の二丈ばかりのいたりけるに、ゆらりととびのり給ひぬ」と見えている。いわゆる「八艘飛び」とはこれを指すが、むろん誇張はあるにせよ、敏捷《びんしょう》な行動を彷彿《ほうふつ》とさせる場面でもある。

❖水軍について

それにしても、壇ノ浦戦では義経の活躍の場は少なかった。水軍を準備しての海戦であったことも、その理由だろう。「坂東武者は馬のうへでこそ口はきき候とも、ふないくさにはいつご調練し候べき」と平家の侍大将上総《かずさ》悪七兵衛《あくしちひょうえ》景清《かげきよ》も言うように、「魚の木にのぼったるでこそ候」であった。たしかに水軍は平氏の専売特許でもある。

騎馬武者の馬については前に述べたが、同様に船武者の船についてもふれておこう。中国的表現での〝南船北馬〟にならえば、日本は〝西船東馬〟とも表現できないこともない。火山が多い東国はその裾野を利用して馬牧も多く、租税その他の物資運搬ルートは陸路が基本とされた。他方、〝内海〟としての瀬戸内は海路の大動脈であった。九州・四国・山陽はこの〝瀬戸内動脈〟で結ばれていた。後に述べるように、西国を拠点とした平氏には瀬戸内海を一種の園庭とするような感覚さえあったのかもしれない。

それはともかく、水軍はまずこの瀬戸内方面で生まれた。在体《ありてい》に言えば海賊である。それは

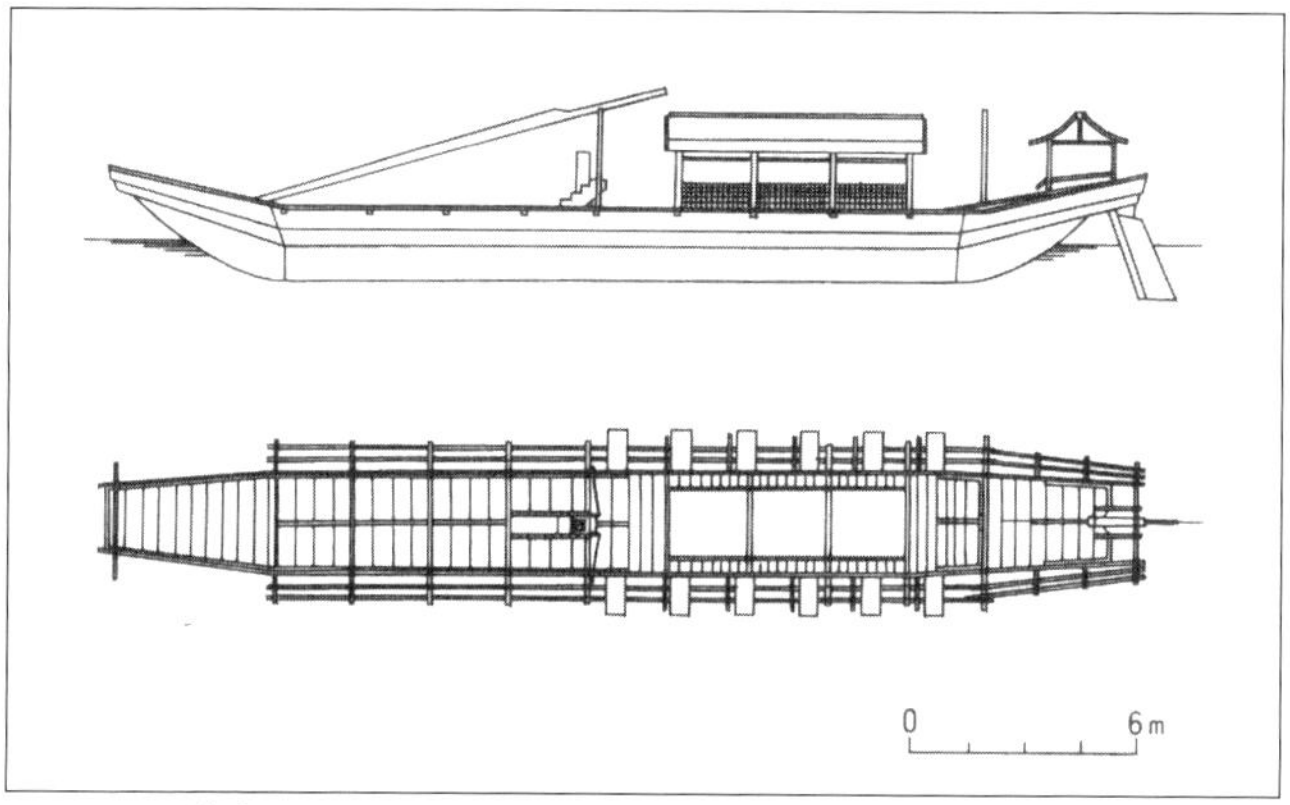

鎌倉時代の大型海船の復元図（『和船史話』による）

ちょうど、東国の草賊、すなわち群党の発生と対をなす関係だったと言える。九世紀末から十世紀のころのことである。将門と純友はこの東と西における群党（草賊）と海賊の個性化・結晶化したものと見ることもできる。この海賊（水軍）に系譜をひく瀬戸内・西国方面に拠点を有した平家の船武者たち、彼等の用いた船とはどんなものだったのか。以下は高橋昌明氏の研究「騎兵と水軍」（『日本史』有斐閣）からの引用である。

船体は刳船《くりぶね》（丸木舟）形式で本格的な構造船（竜骨・横梁縦通材などの骨格を有する船）ではなかったという。少なくとも室町期までは原始的な刳船形式が主流を占めていたらしい。航行には莚《むしろ》製の帆がかかわっていたが、多くは櫓《ろ》を漕《こ》ぐことにより進んだ。舷外には櫓床とよばれる張出しが設けられ、そこに漕ぎ手の水手《かこ》がいて櫓を漕いだのである。義経はこの水手を射たという。櫓は六〜一二挺。鉛筆型に近い細長い準構造船は、大型のものとされているもので全長七〇尺（約二一メートル）、船幅六尺程度（約一・八メートル）だったといわれている。物資と旅客の貨客船は、当然のことながら戦時にあっては軍船としても転用されたわけで、「千余艘」の平氏の軍船にも右のような構造の船が多かったろう。

❖敗れし者平家の夢

平氏の水軍といえば、「平家の舟は千余艘、唐船あひまじれり」と壇ノ浦海戦での陣容を語るくだりがある（少し主題の義経からそれるが、後に東国の覇者〝頼朝の夢〟を語ることとも関連して、ここではこれと対照をなす〝清盛のあるいは平家の夢〟とも言うべきものにふれておきたい）。

ところで、ここに見える唐船は宋との交易に関係が深い平氏らしさを象徴するものだろう。宋との貿易を目指した海の武士団、平家の夢は壮大だった。この夢は福原の清盛までつながる。もっと言えば、父祖の正盛・忠盛時代に原点を求めることもできるが、清盛の平家がより具体的なものとした。事実、清盛は夢を見た。清盛はかつて安芸《あき》（広島）守となったことがあり、その関係で厳島《いつくしま》神社が平家一門に信仰されるのだが、ある時彼は高野山に大塔を寄進した。すると夢に僧が現われ、「高野への寄進はよいが、越前《えちぜん》（福井）の気比《けひ》宮と安芸の厳島とは北陸と西海に離れていても、共に金剛胎蔵界《こんごうたいぞうかい》とめでたい所だ。自分は厳島の荒れた様子を歎いていたので、これを再建すれば御利益があり、子孫も繁昌するであろう」と語ったという。そこでこの夢のお告げにより厳島の社殿を修理したという。

この夢のことは『平家物語』に出てくる話だが、他の長寛《ちょうかん》二年（一一六四）九月の清盛の願文とも符合している。ちなみに厳島社の神はよく知られるように市杵島姫《いちきしまひめ》以下の宗像《むなかた》の三女神を祭っている。いずれも海の神である。安芸さらに播磨の国守あるいは大宰大弐などを歴任した清盛にとって、瀬戸内・九州沿岸などの西海諸国との関係も深く、そのスタンスは海事に向けられていた。摂津福原の別荘や兵庫築港、さらに音戸の瀬戸の開さく等、いずれも海洋・海事思想の具体的あらわれであったと言っていい。

宋の国勢一班を示す『太平御覧《たいへいぎょらん》』を取り寄せたのも清盛であった。その子重盛の場合には黄金三千両を送って、宋の育王山《いくおうざん》の経文を取り寄せたという。ともかく清盛とその一門は、海外との通商をはかり、瀬戸内を軸に広大な交易ルートをめざしていたと言えるだろう。大げさに表現すれば、東アジア世界における日本というものを、最初に自覚した人間、これが清盛ではなかったたか。

敗れし者、平家が担ったその夢は思う以上に壮大だったかもしれないのである。「揚州《ようしゅう》の金《こがね》・荊州《けいしゅう》の珠《たま》・呉郡《ごぐん》の綾・蜀江《しょくこう》の錦・七珍万宝、一として欠けたる事なし」との有名な『平家物語』の一節には想像以上の現実が加わっていた可能性さえ高い。

腰越の悲嘆

❖凱旋以後

義経は都へ帰還した。神鏡・神璽《しんじ》を奉じ、平氏一門の生虜の人々をともなっての凱旋である。四月二四日のことであった。平氏討滅後、ちょうど一ヵ月が経過していた。この間、戦勝報告を京都と鎌倉に送るなど戦後処理をすませ、法皇からの勅使の院宣をまち、長門を発った義経は四月十六日に播磨の明石に、そして二四日夜、入京をはたした。先帝安徳と宝剣は失ったものの、義経以下源氏軍の勲功は大なるものがあった。義経入京後、宗盛をはじめとする人々の大路渡《おおじわた》しがなされた。栄華を極めた一門の末路に、都人はあらためて世の盛衰を感じたことでもあろう。と同時に春秋二七歳の義経を驚きと尊敬の眼差しで迎えたろう。

彼にとって得意の日々が訪れようとしているかに見えた。先の景時の書状ではないが「ほとんど、日来《ひごろ》の儀を超過す」という自専のふるまいにも似た行動も、あるいは、そうした慢心のなせるわざであったのかもしれない。「廷尉は、自専の慮《おもい》をさしはさみ、かつて御旨を守らず、ひとへに雅意にまかせ、自由の張行をいたすの間、人々恨みをなすこと、景時に限らずと云々」との『吾妻鏡』の評は、西海での義経について語ったものであるが、こうした鎌倉側の評価が凱旋将軍義経への警戒心へとつながっていたことは否定できない。しかし、その「自専」「自由」「雅意」の〝義経らしさ〟が早期の平氏討滅に寄与したことも事実であった。鎌倉では驚いたに違いない。長期戦を覚悟で兵糧を準備していた頼朝である。〝かくもすみやかに討滅し得たとは〟〝それにしても、九郎のおそろしさよ〟と、頼朝が思ったかどうかはわからない。が、義経の軍略的才に警戒の念を抱き始めたことは想像できる。

不思議なことがある。屋島以後の義経の行動についてである。一体、壇ノ浦において平氏を追撃し、これを倒す指示を明確に義経に与えたことはなかった。全て情勢判断による義経の独断である。鎌倉殿代官としてこうした権限を委ねられていたと仮定すれば、それまでだが、兄範頼がことごとに頼朝の指示をあおいでいたのと比較すれば、その差は明らかであろう。さらに壇ノ浦以後、義経は勝手に京都に帰還している。むろん、法皇からの指示を受けてのことであったが、少なくとも頼朝の命は、壇ノ浦戦直後の長門の義経には届けられていない。

平氏討滅の第一報が鎌倉に到着したのは四月十一日、翌日鎌倉で評定が開かれ範頼の九州残留と義経の都への捕虜護送の件が決定され、飛脚が発せられている。だから鎌倉側の使者が義経のもとに到着する以前に、義経は既に入京していたのである。結果として入京の方針は一致していたとは言え、鎌倉を無視しての行動だった。

四月十一日の義経よりの第一報以来、戦勝の報が鎌倉に次々と届けられている。先に紹介した義経の専横ぶりをしるした景時の書状が鎌倉に着いたのは二一日のこと。この間十四日には京都より頼朝の勲功をたたえる院宣が到着している。世評有名な自由任官の関東の輩への頼朝の厳しい指弾の書状は、実はこの翌日十五日に京都に送られている。頼朝は前年義経とともに無断で官職に就いた家人たちを決して許していたわけではなかった。

ただ平氏討滅までは関東は一枚岩でなければならず、そうした政治的判断から自由任官の輩の処置については、これまで凍結させていただけであった。いずれは〝厳しい沙汰を〟と考えていた頼朝のところに、平氏討滅の報がもたらされたのである。もはや〝戦闘の季節〟は終わり、〝政治の季節〟が訪れようとしていた。政治家頼朝の無断任官の家人への攻撃はこうして始まった。

❖駘馬の道草

無断任官二四名に対する頼朝の処断は次のようなものだった。今回の平氏追討の途上で、朝廷から兵衛尉・衛門尉・馬允などの官職を受けた東国武士に対して、「任官の輩においては、永く城外の思いを停め、在京し陣役を勤仕《ごんじ》せしむべし」「もし違《たが》いて墨俣以東に下向せしめば、且《かつう》はおのおの本領を改めしめ、且は斬罪を申し行わしむ」というものであった。このあと二四名にのぼる東国の任官の武士名を列挙して、面前罵倒とも思われる書きぶりで各人の指弾の中味が記されている。痛烈な皮肉と壮大なユーモアが同居したかの如き、その書きぶりはまさに〝頼朝らしさ〟の象徴であるといってよいだろう。

例えばである。後藤基清については「目は鼠眼《ねずみまなこ》にて、ただ候すべきところ任官は希有《けう》なり」とか、一ノ谷合戦で熊谷直実と先陣を争った武蔵武士平山季重《すえしげ》については「顔はふわふわとして、希有の任官かな」と身体的特徴をまじえての批難には滑稽なまでに感情が込められており、冷静・沈着とは別のもう一人の〝頼朝らしさ〟に出会う。この他、義経の親衛隊佐藤忠信についても、「秀衡の郎等、衛府に拝任せしむこと、往昔《おうじゃく》より未だあらず、(中略)これは猫にをつる」と厳しい。また八田知家《はったともいえ》とか小山朝政などの北関東の有力御家人に対しても「件の両人鎮西下向の時、京において拝任せしむこと、駘馬《たいば》の道草のごとし」と辛辣さはかわらない。「駘馬の道草」とはひとり知家や朝政のみへの皮肉を超えて、「自専」「自由」「雅意」の義経的気分を共有する自由任官の東国家人全員に対する戒めであったかもしれない。〝食すべき時節と場をわきまえよ〟とでも言いたげな頼朝の態度に、関係の御家人たちは色を失ったことだろう。

そして、義経も慄然《りつぜん》としたに違いない。ここには義経の名が記されていなかった。その重みが推測できない義経ではないだろう。任官の件は不問にふされたと思っていた義経である。事態は〝政治〟と〝感情〟が入り混じる世界に入ろうとしていた。義経への冷水はさらに続く。四月二九日、使者を西海の田代信綱に送って「関東に忠を存ずるの輩は廷尉に随うべからず」との内意を諸士に伝達したのであった。「内々相触れるべし」との頼朝の意向であった。〝内々〟が語る頼朝の真意とは何であったか。見えざる意志とでも言うべきものを伝える効果をねらってのことだったのか。この場合もそうだが、頼朝は決して義経に対して、その意志を伝達したことはない。かけるべきボタンを違えた義経に頼朝は沈黙しつづけた。この態度はこの後義経の腰越状にあってもかわることはなかった。

❖二人の鎌倉殿

かけるべき〝ボタン〟のズレは遠くからしか見えない。京都の義経にはこのズレが見えにくかった。頼朝により体現された鎌倉幕府には二つの要素が内包されていた。一つは東国政権の首長（東国の主）たるにふさわしい皇親の要素、いま一つは東国の軍事団体の長（武家の棟梁）たるにふさわしい武将の要素である（佐藤進一氏『日本の中世国家』前掲）。この貴種的要素と棟梁的要素の両者が鎌倉殿としての条件であった。

それ故に、京都（王朝国家）との関係で言えば、前者は内心的原理として、後者は遠心力的原理としてはたらくことになる。つまり政治権力として幕府が存在し得るためには、二つの原理のバランスこそが重要であった。このバランスが少しでも破れれば、誕生間もない武士の政権は瓦解してしまうのである。

バランスの人頼朝には見えていたこの部分が、義経には見えていなかった。「自専」「自由」「雅意」という義経的要素は、そのアンバランスさの故に否定されなければならない。卑近な例で言えば、〝名選手、必ずしも名監督にあらず〟である。義経は確かに戦いでの名プレーヤーであった。対平氏戦に勝利した今、その名プレーヤーが、チームワークを乱すとすれば、これを更迭することもやむを得ないということになろう。

鎌倉殿頼朝にとっては、義経といえども家人であった。これが、他の御家人たちに対する〝ケジメ〟である。さて、賢明な読者ならばおわかりだろう。ここで何をいいたいのかを。義経は二重の過誤を犯した。こえてはならぬ矩《のり》を踰《こ》えてしまったのである。二重の誤りとは何か。一つは京都での無断任官、これである。先の二四名の御家人への頼朝の批難は、最終的には関東が武家として保持し、再生産しなければならない〝遠心力〟的原理の崩壊につながることへの政治的シグナルであった。そして、二つには、本来鎌倉殿のみに属すべき行政行為の無断執行である。『吾妻鏡』五月五日条には、そのあたりの事情が語られている。

去年の比《ころ》、追討使として二人の舎弟範頼、義経院宣を蒙りおわんぬ。ここに参州（範頼）九国に入るの間、九州の事を管領《かんれい》すべし。廷尉（義経）四国に入るの間、又その国々の事を支配すべきの旨、兼日定らるところ、今度廷尉、壇ノ浦合戦を遂げる後、九国の事ほしいままに以て奪いこれを沙汰す……又子細を武衛に申さず、只雅意に任せ、多く私の勘発を加うの由、その聞えあり。ことすでに諸人の愁となる。科《とが》また宥《ゆる》され難し……

これは前述の景時書状に対する頼朝の返事であるが、この書状には壇ノ浦合戦後の範頼の専権に属すべき九国の沙汰を義経が奪ったこと、さらに頼朝に相談なく私的な判断で沙汰権を行使したことの二点が問題にされている。要は義経の独断専行なり無断執行が頼朝の気色をそこねた理由であった。別の言い方をすれば現地で〝鎌倉殿を演じた義経〟への不信ということになろう。これは義経の意志の問題ではない。彼にはそんなつもりは当然なかっただろう。が、景時以下その他の御家人の報告より、頼朝は義経の行為は鎌倉殿である自分への背信と受けとったに違いない。二人の鎌倉殿は不要だった。二つ目の誤りはその意味でより重大だった。

ところで、鎌倉側の思惑にもとづく義経の罪とは、煎じつめれば、〝無断〟ということであった。無断任官・無断執行いずれもが頼朝を無視する行為と映じたのであろう。感情レベルの問題を、政治的正義という大義の器に入れたときに、ルールを無視した〝無断〟の行為は、格好の料理材料であったはずである。

❖腰越の失意

義経は京都を発った。五月七日捕虜の宗盛父子を護送しながら鎌倉へと下向した。四月末以来、頼朝からの勘当という事態の中で、これを打開する手だては自らの鎌倉行きしか残されていない。義経はそう判断したに違いない。真意を語れば誤解はとける。義経はそう信じていた。兄の不興を知り、すでに使者を送り、異心なき起請文を差し出している。その効果になかば期待をかけての出立であった。義経の使者は、彼が京を発ったと同じ日に鎌倉に到着していた。書状を見た頼朝は激怒した。〝今更、何を〟と。「今御気色《みけしき》不快の由を伝聞き、始めてこの儀に及ぶの間、御許容の限にあらず、還《かえ》りて御忿怒《ごふんぬ》の基《もとい》たりと云々」と『吾妻鏡』は頼朝の態度をこう説明している。

十五日夜義経一行は相模国の酒匂《さかわ》の宿に着き、ここで堀弥太郎景光を先行させ、明日の鎌倉入りのことを幕府に注進させた。不安と期待なかばする鎌倉下向であったが、この後兄頼朝の予想外のかたくなな態度に、義経の心中は暗転することになる。その日頼朝は北条時政を酒匂に派し、宗盛父子の受け取りを命じたのみで、義経に対しては結城朝光をして、直ちに鎌倉入りならずの命を伝えさせた。義経の落胆、失望は大きかっただろう。

腰越の満福寺　義経が滞在したといわれる。

悪いことは重なるものだ。こともあろうに義経の郎等伊勢義盛が酒匂で乱闘事件をおこしたのである。相手は一条能保に従っていた後藤基清であった。能保は頼朝の妹婿として信任もあつく、鎌倉と京都政界をつなぐパイプ役でもあった。この乱闘事件は義経・能保両者の仲介で事なきをえたが、頼朝はこの事件のことを聞き及び、怒りを新たにしたという。〝義経の家臣の驕慢《きょうまん》、奇怪なり〟と。このこともあってのことか、義経の鎌倉入りは許可されず、焦燥の日々が過ぎていった。

かくして、意を決した義経は二四日、鎌倉の入り口にほど近い腰越で、一通の書状をしたためる。「腰越状」である。義経の心情を切々たる思いで述べる、この有名な書状の真偽については問わないにしても、人の心を動かす迫力は充分に伝わってくる。やや長文ではあるが、しばらく義経的気分にひたってみたい。

左衛門少尉義経恐ながら申し上げ候意趣は、御代官の其の一に選ばれ、勅宣の御使として朝敵を傾け、累代弓箭《るいだいきゅうせん》の芸を顕《あら》わし、会稽《かいけい》の恥辱《ちじょく》を雪《すす》ぐ、抽賞《ちゅうしょう》せらるべき処《ところ》に、思の外に虎口《ここう》の讒言《ざんげん》に依って、莫大の勲功を黙止せられ、義経犯すことなくして咎《とが》を蒙《こうむ》り、功ありて誤なしと雖も、御勘気《ごかんき》を蒙るの間空《むな》しく紅涙《こうるい》に沈《しず》む。つらつら事の意を案ずるに、良薬は口に苦く、忠言は耳に逆《さから》ふとは先言なり。茲《ここ》に因《よ》って、讒者《ざんしゃ》の実否を正されず、鎌倉の中へ入れられざるの間、素意《そい》を述べること能《あた》はず、徒《いたずら》に数日を送る。此時《このとき》に当つて永く恩顔を拝し奉らずんば、骨肉同胞の義既に空しきに似たり。宿運の極まる処か、将《はた》又先世の業因に感ずるか。悲しきかな。此の条、故亡父の尊霊再誕し給はずんば、誰人か愚意《ぐい》の悲《ひ》歎《たん》を申披《ひら》き、何れの輩《ともがら》か哀憐《あいりん》を垂《た》れんや。事新しき申状、述懐《じゅっかい》に似たりと雖も、義経身体髪膚《はっぷ》を父母に受け、幾《いくばく》の時節を経ずして、故《こ》頭殿《こうどの》御他界の間、実無《みな》し子となり、母の懐中に抱かれ、大和の国宇多の郡龍門の牧に赴きしより以来、一日片時も安堵《あんど》の思に住せず。甲斐なき命をながら許《ばかり》と雖も、京都の経廻難治の間、諸国を流れ行かしめ、身を在々所々に隠し、辺土遠国に栖《す》まんが為に、土民百姓等に服仕せらる。然《しか》れども幸慶たちまち順熟して、平家の一族追討の為めに、上洛せしむの手合に、木曽義仲を誅戮《ちゅうりく》するの後、平家を攻め傾けんが為めに命を亡さんことを顧《かえり》みず、ある時は漫々たる大海に、風波の難を凌《しの》ぎて、身を海底に沈め、骸鯨鯢《しかばねげいげい》の鰓《あぎと》に懸けんことを痛まず。加之《しかのみならず》、甲冑《かっちゅう》を枕とし、弓箭を業とする本意、併《あわ》せて亡魂の憤《いきどおり》を休め奉《たてまつ》り、年来の宿望を遂げんと欲する外に他事なし。剰《あまつさ》へ義経五位の尉に補任せらるるの条、当家の面目、希代の重職、何事か是に加へん。然りと雖も、今憂《うれい》深く歎《なげき》切なり。仏神の御助にあらざるより外は、争《いかで》か愁訴《しゅうそ》を達せん。茲に因《よ》つて、諸神諸社の牛王宝印《ごおうほういん》の裏を以て、全く野心を挿《さしはさ》まざる旨、日本国中大小神祇冥道を請じ驚かし奉つて、数通の起請文を書き進ずと雖も、猶《なお》以て御宥免《ごゆうめん》なし、我国は神国なり。神は非礼を稟《う》けたまふべからず。憑《たの》む所他にあらず、偏《ひと》へに貴殿広大の御慈悲を仰ぐのみ。便宜《びんぎ》を伺《うかが》ひ、高聞に達せしめ、秘計を廻《めぐ》らせて、誤ち無き旨を優せられ、芳免に預らば、積善の余慶を家門に及ぼし、栄華を永く子孫に伝へ、仍つて年来の愁眉《しゅうび》を聞き、一期《いちご》の安《あん》寧《ねい》を得ん。愚詞を書き尽さず、併せて省略せしめ候い畢んぬ。賢察を垂《た》れられんことを欲す。義経　恐惶謹言《きょうこうきんげん》

元暦二年五月　日　　左衛門少尉源義経

進上因幡《いなば》前司殿

いかがであろうか。義経の真情が伝わる名文であろう。宛名の因幡前司殿とは大江広元である。「広元これを披覧すと雖も、敢《あえ》て分明の仰せなし」と、『吾妻鏡』は頼朝の態度をこう記している。この心血を注いで綴った、義経の気持ちも、ついに頼朝には通じなかった。鎌倉入り

は許可されなかったのである。腰越の失意はこうして恨みへとかわっていった。「其の恨、すでに古恨よりも深し」。義経の心情を代弁する『吾妻鏡』の詞である。

❖「義経に属すべし」

かくして六月九日、義経は、再び宗盛父子をともない帰京の途についた。囚人を守護する名目で鎌倉側から橘右馬允公長《たちばなうまのじょうきみなが》以下の武士が副えられていた。自暴気味の義経への監視でもあったのだろう。たしかに義経は頼朝の仕打ちを恨みに思ったに違いない。彼は出発にさいして、「関東において恨みを成す輩は義経に属すべきの旨、詞を吐く」と記されているように、心に決するものがあったことは事実のようだ。義経の放言した詞の重みは大きかった。かたや、これを聞き、「所存《しょぞん》の企、太《はなは》だ奇怪《きかい》」と忿怒する頼朝にも、心に期するものがあったであろう。義経に恩賞として与えられていた平家没官領二四ヶ所は没収されてしまった。帰洛した義経はこの報に接し愕然《がくぜん》としたことだろう。六月二一日に宗盛父子を近江国で誅させた義経は、京都へと戻って来た。京都は優しかった。後白河法皇以下、ここ数年の間に義経が培った人々との接触で憔悴した心はなぐさめられもしただろう。

「関東において怨みを成すの輩」は都に満ちていた。平家の残党しかり、頼朝の勘気をこうむった源氏の武士たちしかりである。とりわけ叔父の行家に至っては、その最たる者であったろう。河内・和泉付近を根拠地とする行家の行動には不明な点も多く、特に平氏討滅作戦が本格化する元暦年間の動静はわからない。政略のかたまりとも言うべきこの人物を頼朝は嫌った。行家もまた頼朝から距離をおいていた。その距離は義経への接近により倍加していった。義経への〝同情〟は、〝同盟〟へと変化していったことだろう。今や義経もこの〝同盟〟を受け入れる主体的条件が成熟していたのである。

関東の頼朝にとっては義経与党派が肥大化する以前に手を打たねばならぬ。まずは行家である。八月四日、頼朝は行家に謀叛《むほん》の企てがあるとし、また在々所々で人民をしいたげたとの理由で、これを討伐すべきことを命じたのである。保身にたけた行家は、自分に身の危険が迫ると義経とこれに同情的な法皇以下の側近グループに、頼朝の非道を説いて回っただろう。〝我が身と同じ危険がやがて御辺に及ぶは必定〟とでも義経に言ったかどうか、それは想像でしかないが、あり得ない話ではなかろう。だが、この時点では、義経自身、反頼朝の意志表示を行動として現わしたわけではない。むろん感情的に割り切れなさがあったことは否定しえないにせよ、頼朝打倒のための挙兵はいまだ慮外であったろう。

八月十四日、年号は文治と改められた。翌々日に除目が朝廷で行われ、平氏追討の勲功として源氏一門の人々への任官がなされている。頼朝からの推挙は既に四月の段階で出されていた。その意味では新田義範（伊豆守）・大内惟義（相模守）・足利義兼（上総介）・加賀美遠光（信濃《しなの》守）・安田義資（越後守）と並び義経が伊予守に推挙されていたのも、さほど不思議ではなかった。いくら無断任官をした義経ではあっても、平家追討の実質的功労者である。頼朝としても範頼とのバランス上からこれを推挙しないわけにはいかなかったのであろう。八月のこの段階では両者の対立は相当深刻化していたものの、既定方針を変更できず頼朝も義経の行動を見守るしかなかった。〝今度の伊予守への推挙の件は御辞退致します〟とでも義経が申し出れば、あるいは〝九郎の殊勝さよ〟と頼朝が思ったかどうか。仮定のことを論じても仕方がない。頼朝のそうした思惑とは別に、義経は喜びこの任官を受けた。

ところでこの源家内部の対立を憂慮しつつも期待をもって見ていた人物がいる。後白河法皇である。王朝国家の代表者たる法皇は、強大化しつつある東国の新政権が旧来の支配層の敵対物になることを恐れていた。法皇は勢力を強めてくる頼朝をおさえるため、義経や行家を利用しようとしたのである。義経のかつての検非違使への任官もこうした法皇の意志がはたらいていたとも言われている。それぞれ思惑が異なるにせよ、法皇・行家、そして義経が対頼朝に関して結束し得る状況はかくして生まれつつあった。

義経の謀叛

❖義経謀叛

行家討伐を令した一ヵ月後、頼朝は義経に〝サグリ〟を入れた。八月末ころより京都の義経についての謀叛の風評が伝えられていた。平家一門で死罪を免ぜられた時忠については能登国への流罪が決まっていたが、義経は時忠の女《むすめ》を娶《めと》っており、そうした関係もあってか、これを庇護したという。このため時忠は配流されずに京都にとどまっている、との情報を得た頼朝は、九月二日、梶原景季および義勝房成尋《ぎしょうぼうじょうじん》を京都に派遣し、義経の動向をさぐらせることとした。行家の誅戮を義経に命じ、その反応を窺えとの内示を与えられていた彼等は、上洛後頼朝の御使と称し六条室町にある義経邸に向かい、流罪人の処置とあわせて、行家討滅の旨を伝えた。

十月初め鎌倉に帰った景季の報告によると、初めは病と称し面会がかなわなかったが、二日後に対面した折には、灸のあとが数ヶ所に見え、憔悴《しょうすい》の様子もはなはだしかったという。さらに行家のことを伝えると、義経は「源氏一門の叔父のことでもあり、軽々しくは行動できないが、病が平癒した後には早速計略を立てたい」と語ったという。この話を聞いた頼朝は「義経と行家の同心はもはや疑いがない。義経は仮病をつかっているに相違ない」との判断のもとに、思いきった処断を下すことにした。刺客である。義経が反頼朝の挙兵にふみきった最大のきっかけは、この頼朝が派した刺客にあった。いまや法皇の寵臣になりつつあった義経を大がかりな軍勢を動員して討つことは、京都と鎌倉の政治的関係に亀裂を生じさせかねないとの判断もはたらいてのことか。あるいは刺客派遣で義経を挑発し、討滅の名目を得ようとしたためか。そのあたりの事情については不明だが、ともかく土佐房昌俊《しょうしゅん》以下の刺客団を京都に送り込んだのである。

この昌俊派遣のことが鎌倉で議されたのは十月九日、例の景季が義経の様子を報じた翌日のことであった。『吾妻鏡』には義経誅殺の議が問題とされたおり、席上「人々多くもつて辞退の気あり」とも見えており、東国武士の間でもこの件については義経への同情があったようである。ちなみに、刺客を志願した土佐房昌俊は渋谷金王丸《こんのうまる》の後身とされるとの俗説がある。金王丸については義経の父義朝が尾張で殺された後、その報を京都の常盤のもとに知らせた人物として『平家物語』にも見えているが、両人を同一人とする根拠は何もない。江戸期の国学者井沢幡竜《いざわばんりゅう》の『広益俗説弁』(白石良夫氏校訂、東洋文庫)でも、この説を紹介し、昌俊と金王丸が同一人にあらざることを説いており、巷間この俗説が流布していたことを窺わせる。

それはともかくとして、この昌俊が八三騎の軍勢を率い、義経邸を襲撃したのは同十七日の夜のことであった。『平家物語』ではこの襲撃の模様を詳しく伝えており、静御前の機転により義経が難をのがれたことなども見えているが、ここでは『吾妻鏡』の記述にしたがっておこう。折から義経方の武士の多くは外出中で、警固も手うすであったという。が、佐藤忠信以下の奮戦とこの騒ぎを聞き駆けつけた行家の助勢で昌俊は目的を達することができず、退散したとしるされている。

直ちに仙洞御所《せんとうごしょ》におもむき、法皇に「無為の由」を奏じた義経は、そこで頼朝追討宣旨のことを願い出た。『玉葉』によると十月十一日、十三日の両度にわたり義経の方から法皇に頼朝追討に関しての奏聞が既にあったという。その限りでは昌俊の事件は、義経の対頼朝戦にむけての引き金として作用したことは疑いないところであろう。こうした形で蜂起を決意した義経の心境については『玉葉』が詳しく伝えている。意訳しておく。


大蔵卿泰経が院の使として来訪して言うには、去る十一日義経が院に申し上げたところでは行家は既に頼朝に叛いてしまって、自分が止めても聞き入れようとしない。院も制止を加えるように命じたが、十三日に再度義経が申すには行家を翻意させることはできず、義

昇殿を許された義経
（江戸時代の版本より）

経もそれに同意したと。その理由として義経が身命を懸けて大功を立てたのは、頼朝の代官としてであった。にも拘わらず頼朝はそれを賞するどころか反対に自分が拝領した伊予国に地頭を任じ国務をさまたげようとしたり、また平家没官領として頼朝から与えられていた二十余ヵ所の所領も没収されてしまった。今に至っては義経に生きる望みもなくなった。しかも郎従を派遣して自分を殺そうとしているとの話も聞いている。もはや難を遁れ難い以上、尾張の墨俣あたりまで出向き頼朝の軍勢と一戦を交し生死を決したいと思う、と。院は驚いて行家の謀叛を止めるように命ぜられたが、昨夜十六日に再び義経が申すには、行家との同意する意志はかわらず、事ここに至っては頼朝追討の宣旨を賜りたい、と。もし勅許がなければ身の暇を給わり鎮西に向かう所存だという。義経のその意気込みに法皇以下公卿たちをも引き連れてのことのようにも見受けられ、大変な状況に至っている（十七日条）。

泰経の報に接した兼実は、頼朝追討の件は慎重に処する必要があり、平家や義仲の場合と同列に論じられない以上、宣旨が出れば天下の大乱のもとになろうこと。加えて、義経の挙兵決意は風聞によることでもあり、義経が讒言により不当に処断されようとしているか否かを、早く鎌倉側に問い合わすべきだったとして、法皇をはじめ当局者の対応に不満を示している。

形式論・筋論に立脚したまことに兼実らしい意見である。「余このことを聞き神心惘然《もうぜん》天下の滅亡は、結局この時にあるか」とは、悲憤の人兼実の言ではあるが、同日の評定では情勢論・現実論に立った法皇の決断もあって、頼朝追討の宣旨が出されるに至った。後に頼朝に便宜主義と批難される当局者の態度にも同情すべき点はあった。何しろ都には義経・行家以外に治安を維持すべき固有の武力はなかったわけで、「当時義経外、警衛の士なく、勅許を蒙らんずば、若し濫行《らんぎょう》に及ぶの時、何者に仰せて、防禦せらるべきや」との法皇の意向も、わからないわけではない。それにしても、この論理はかつての義仲の場合でも持ち出されたものであった。「今の難を遁れんが為に」という場当たり主義が頼朝に通ずるかどうか保証の限りではなかった。

❖頼朝追討の宣旨

かくして追討の宣旨は出された、十八日のことである。「従二位源頼朝卿ひとへに武威をかがやかし、既に朝憲を忘る。宜しく前備前守源朝臣行家・左衛門少尉同朝臣義経等をして、彼の卿を追討せしむべし」(『吾妻鏡』)とある。
頼朝追討の宣旨を得た義経であったが、当初期待していた武力は集まらなかった、義経の武勇と宣旨の威力をもってしても、鎌倉殿の威圧を破ることは難しかったのだろう。義経は憔った。この誤算が政界当局者に与えた影響も大きかった。鎌倉の頼朝が大軍を率いて上洛するとの風聞もあり、貴賤上下を問わず都は混乱を極めた。再び戦場となることをおそれた都人は続々と避難をはじめていた。

こうした中で義経は自己の進退に苦慮しながら、劣勢の武力をもって頼朝の大軍と対決することは不可能と判断したのであろう。ついに都を退去し西国へ逃れることを決意する。十一月二日法皇に対し、「山陽西海等の庄公、共に義経の沙汰」とし、年貢雑物の支配権を与えられんこと、さらに豊後の武士等に義経・行家のこと扶持《ふち》すべきことを仰せ下されたいこと、の二点を申し入れたという。この義経の奏請にもとづいて、当日院宣が下され、両人が九国・四国の惣地頭(国地頭)に補された。

義経の離京のことは、既に知れわたっていた。翌三日、主従二〇〇騎が早朝の都を西国に向けて出立していった。その様子は「義経の所行、実に以て義士と謂ふべきか。洛中の尊卑随喜せざるはなし」との兼実の表現をかりるまでもなく、堂々とした退京であったという。「義士」たる義経の一面を語るものであろう。礼節の人義経は出京にさいし暇ごいの使者をたて、「鎌倉の譴責《けんせき》を遁れんが為に、鎮西に零落す、最後に参拝すべきと雖ども、行粧異体の間、已に以て首途《かどで》す」と口上させている。かくして京都を離れた一行は、翌四日には摂津源氏の多田行綱《ゆきつな》の軍勢に途をはばまれながらも、これを駆けぬけ六日には大物浦《だいもつのうら》に到着した。この間、落伍・脱落者も増していたらしい。『平家物語』によれば船出後、突然の暴風により乗船が転覆し、義経主従は離散の憂き目にあうことになる。

さて、鎌倉である。頼朝追討宣旨の報は二二日に鎌倉に達した。この時点で頼朝は義経退去のことは知らない。十月二五日、小山朝政・結城朝光を先陣として進発させ、二九日には頼朝みずから土肥実平・千葉常胤等を率い鎌倉を出発した。富士川合戦以来の出陣であった。弟義経との涙の対面はこの富士川合戦の帰途黄瀬川の宿でのことであった。今度は大望を語り合った弟を討滅するための出陣である。かつてこの二人の前には平氏という共通の敵がいた。五年の歳月はその間に義仲を、そして平氏を消し去り、ついにはこの二人の対決を余儀なくさせてしまった。

その駿河の黄瀬川に頼朝が着いたのが十一月一日。折しも京都では義経が出京する直前のころであった。義経の集兵が成功しなかったと同様、頼朝の軍兵召集も必ずしもうまくいかなかった。既に東海諸国の御家人をはじめ東山・北陸道諸国にも動員令をかけての出撃ではあったが、東国諸士の参集は決して順調ではなかった。その意味でも頼朝の義経攻略を当初より既定方針のごとく解するとすれば、それはあまりに合理に過ぎた解釈というべきだろう。この黄瀬川で頼朝は待たざるを得なかったのである。相つぐ転戦で東国武士の中には厭戦的気分も少なからずあったことだろう。まして半年前にともに戦さに臨んだ雄将義経との対決であってみれば、それも当然であったかもしれない。この時点で頼朝とて決して楽観は許されなかったと言ってよい。

しかし義経は離京していた。十一月七日、この知らせを受けた頼朝は翌日鎌倉へと戻り、北条時政以下有力御家人を京都に派遣したのである。

❖日本第一の大天狗

結果的に見れば、空振りに終わった頼朝の出陣が、京都政界に与えた影響は大きかった。守護・地頭の勅許という鎌倉にとっての最大の果実は、この義経問題を機にして獲得されることになる。

関東の軍勢の第一陣は既に十一月五日に入洛していた。義経退京の翌々日のことである。頼朝の激怒の趣が伝えられると、法皇もこれを予期して親頼朝派の兼実を摂政とする方針を打ち出し、さらに義経の解官と義経・行家追捕の院宣を諸国に下すなど、十一月初旬にかけて、次々と鎌倉寄りの施策を行った。

京都は畏怖のさなかにあった。鎌倉の重みが京都を威圧しようとしていた。かつて頼朝追討宣旨を出すとき、義経以外に京城を守護する者がない以上、〝まずは要請のごとく追討の宣旨を与えて、義経を宥めておいて、そのうちに然るべく関東に沙汰しよう〟との朝議での目算は完全に誤算に帰していた。日和見《ひよりみ》のツケは関東の逆襲という形ではね返ってきたのである。この時期、法皇は泰経を通じて鎌倉に弁解の使者を送っている。一条能保に取りなしを願った泰経は、これへの書状とあわせて法皇の意向を頼朝に次のように弁明している。すなわち、〝行家・義経謀叛のことは天魔の所為という他はない、彼等は頼朝追討の宣旨を下さねば宮中に参上し自殺すると申すので、当座の難を避けるために一旦は勅許する形となったが、これは決して法皇の本心から出たものではなかった〟と。この書状を見た頼朝の返事が、なかなかふるっている。

行家・義経謀叛のこと、天魔の所為となすの由仰せ下さること、甚《はなは》だ謂《いわれ》なきことに候。天魔は仏法のために妨げをなし、人倫に煩《わずら》ひを致すものなり。頼朝数多《あまた》の朝敵を降伏し、世務を君に任せ奉るの忠、何《なん》ぞ忽《たちま》ちに反逆に変ずる、指《さ》したる叡慮《えいりょ》に非ずして院宣を下されんや。行家といひ、義経といひ、召し取るの間は、諸国衰弊し、人民滅亡せんか、仍《よっ》て日本第一の大天狗は、更に他者に非ざらんか（『吾妻鏡』十一月十五日条）

頼朝の痛烈な皮肉である。要するに行家や義経の謀叛を〝天魔〟の仕業とするが、そのようにしむけた〝大天狗〟は他でもない法皇御自身であろう、と言いたげなこの発言に、法皇以下の当局者は色を失った。十一月二四日、北条時政以下の千騎が入洛した。「諸国平均に守護地頭を補任し、権門勢家庄公を論ぜず、兵粮米段別五升を宛《あ》て課すべきの由、今夜北条殿、藤中納言経房卿に謁し申すと云々」との『吾妻鏡』の文言で有名な「守護・地頭の設置」の奏請は、この数日後のことであった。

行家・義経の追捕を名目としたこの鎌倉側の申請は、大江広元の進言にかかるとも言われているが、この申請を通じて武家政権が京都の公家政権に大幅な譲歩を迫ったものである点は疑いない。「啻《ただ》に兵粮の催しのみに非ず、惣じて以て田地を知行すべしと云々、凡そ言語の及ぶところに非ず」と、兼実を慨嘆させた強大な権限を王朝国家より引き出すことに、頼朝は成功したのである。ここに東国の武家は寿永二年の宣旨につづいて、政権成立史上最大の画期たる〝文治の勅許〟を獲得し、全国政権としての足場を確保することになった。

鎌倉側の攻勢はさらにつづく。高階泰経らの反鎌倉派貴族の更迭に代表されるように、京都政界への干渉であった。他方、九条兼実以下の親鎌倉派と目される公卿を議奏《ぎそう》として、鎌倉との政治的連絡にあたらせる方向を打ち出し、関東との〝パイプ〟作りの態勢が整えられることとなった。

義経問題が公武両政権に与えた影響は大きかった。平氏討滅後の文治元年（一一八五）は、義経・頼朝そして後白河との政治的緊張の季節でもあった。この季節は頼朝の幕府に実りある収穫を与えたようだ。

❖守護・地頭の論争

この章の最後に、少しむずかしい話についてふれておく。守護・地頭に関する学界の論争についてである。この問題の政治的経過は既に述べた。ここではその詳細は全てはぶくが（詳しくは拙著『研究史　地頭』吉川弘文館、参照）、明治以来長い学説論争をもつ、この問題には実に中世史学史の深部にかかわる重大な内容がはらまれている。その一つは言うまでもなく、この守護・地頭の権を獲得した鎌倉幕府の歴史的性格についてである。私的なものとして誕生した東国の政権が全国的な政権へと変貌する過程の上で、この守護・地頭の問題が重要な位置を占めたことは、明治以来多くの研究者によって指摘ずみである。とくに大正期に法制史家の中田薫と牧健二の両氏の間でなされた論争は史学史上、特筆されるべきものがあった。

大雑把に表現すれば、中田説は〝日本における中世の発見〟とでも表現し得る立場から、この守護・地頭問題に接近したのであった。市民的歴史学の担い手の一人と目される同氏の考え方は、日本の中世に西欧と同類の中世を発見しようとするものであった。別の言い方をすれば、

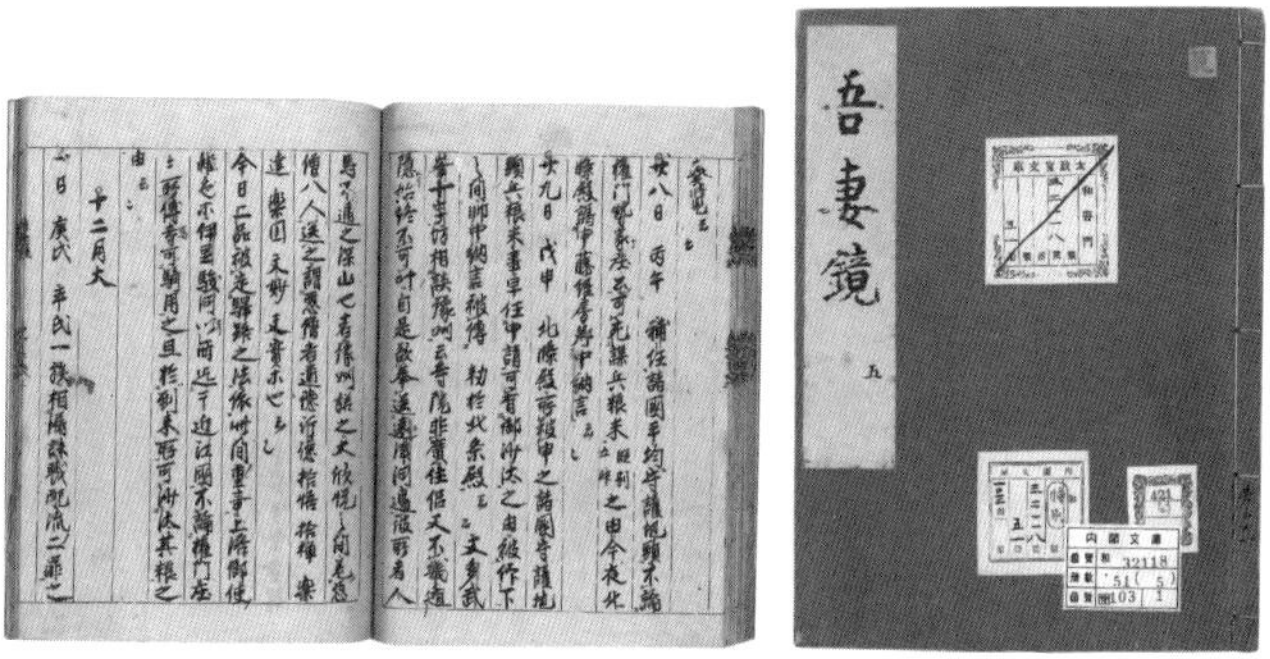

『吾妻鏡』　江戸幕府の紅葉山文庫に収蔵されていた北条本といわれる。現存する最古の写本である。左は「守護地頭」設置の部分。（国立公文書館蔵）

日本中世の特殊性よりも普遍性（西欧との共通性）を発見すること、ここに力点が置かれていた。西欧中世がゲルマン的農村を舞台に展開したと同じように、日本の中世封建制も東国農村から出発したとするその発想は、私的な要素として東国の幕府が、守護・地頭の勅許を獲得し、中世国家へと変貌をとげるというストーリーに誠に適合的であったのだろう。

〝市民的〟と形容されるこの中田氏の立場は〝国家的〟と対峙されるもので、そこには〝私的〟要素こそが歴史の推進母胎だとする認識が存在していた。東国の覇者頼朝に、天皇に代わるべき第二の主権者的地位を与えた中田の理解の内奥には、西欧との同居性への確認と同時に日本中世への世界史的法則の貫徹性を見抜く、歴史への洞察が横たわっていたと言ってよい。その意味では鎌倉幕府の地頭職は決して国家公権に含まれるべき〝官職〟であってはならなかったのである。「鎌倉幕府の地頭職は官職に非ず」（『中世法制史論集』岩波書店）との著名な論題が持つ意味はこの点とかかわっている。

他方、牧健二氏の場合である。中田氏が「日本における中世発見」という立場で頼朝の地位をみて、幕府の性格を考えたのに対し、同氏の場合は、むしろ「中世における日本の発見」とでも呼び得る観点より、この問題に接近したのである。一見言葉の遊びと受け取られそうでもあるが、決してそうではない。「日本の発見」とは、「中世の発見」と対極に位置する認識である。中世日本の諸相を西欧との同居性・普遍性よりも、非同居性・特殊性において理解しようとするその立場は、当然のことながら鎌倉幕府の位置づけについても微妙な相違を生み出す。

牧氏が幕府の守護・地頭制を官制大権（国家公権）の一部委任という立場で理解しようとするのは、このことと関係する。すなわち、頼朝の幕府は軍事権門として国家を守護する権を委任されていたにすぎず、あくまで国家公権に内包されていた存在であったと見なす。この立場にあっては、頼朝は決して天皇に代わるべき第二の主権者などではなかったとの理解であり、その意味では地頭職の官職性を否定した中田説とは異なる立場ということになる。われわれは考えなければならない。この両氏の感情的とも思える激烈な論争を支えていたものが、歴史観に根ざしていた問題でもあることを。

「中世の発見」者は「日本の発見」者に、おそらく市民的要素（私的要素）のエネルギーを摘み取るナショナリストの片鱗を見たかもしれない。幕府の私的要素を重視する「中世の発見」の立場にあっては、その権力は旧国家からの〝簒奪《さんだつ》〟として評価する。他方公権を重視する「日本の発見」の立場にあっては、幕府権力を〝委任〟として見なすことになる。このことはおそらく天皇なり国家なりをどう認識するかという問題に帰着するわけで、今あえてこの古くて新しい論争の意味について、紙幅を割いて紹介しているのもこの点と無関係ではない。と同時に、幕府論という次元で右の問題をとらえ直すならば、最終的には東国独立論で幕府を認識するか、権門体制論をも視野に入れての王朝国家論で考えるかという点でも連動するはずだろう。それは〝簒奪〟か〝委任〟かという問題に最終的に帰着し、中世国家論にとっての最大の論点でもあった。

IV

義顕・秀衡・平泉

その後の義経・静

❖それぞれの戦い

ここでは義経の生涯における最終章ともいうべき、奥州藤原氏と義経について述べる。義経の奥州逃亡についてはは確実な史料も少なく、それだけに伝説が再び幅をきかせる余地もあるが、それについては後の章に譲る。われわれはこれまで鞍馬の牛若、そして鎌倉の源九郎主、さらに京都の判官義経と、「時」と「場」を異にした様々な義経の姿を見てきた。とりわけ前章で述べた義経の京都時代は、武将として西海へ転戦、対平氏討滅に武功をたてるなど、彼の生涯にあって、最も凝縮された一時期でもあった。そしてその凝縮さに比例するかのように、義経の没落も早かった。

ここでは逃亡人としての義経の姿を追う。京都脱出後の義経にはもはや武将としての面影はない。落人《おちうど》義経は義顕《よしあき》と改名させられた。この義顕的義経の奥州までの足跡を追うことも、義経像をトータルに提供するためには必要な作業ではあるが、それは伝説的世界に委ねたい。何しろ文治三年（一一八七）の春の奥州潜伏に至るまで史実の上で義経の足跡を知り得る材料は少ないのである。わずかに文治元年から翌年にかけて吉野、比叡あたりにいたことが確認される程度である。その点でもこの時期の義経について語るべき材料が不足し過ぎている。だが、義経個人を離れた場合、最後に彼が目指した奥州については、語るべき内容が豊かだ。

鎌倉と京都の対抗関係が義経を介したように、鎌倉と平泉との関係にも義経が存在した。別の表現をすれば、関東の幕府にとって奥州東北とは何であったか、逆に東北にとって関東とは何かという設問を可能にするほど、この問題の〝ふところ〟は深い。このことは義経を離れても存在し得る問題であるが、義経問題なくしては語れないそれでもある。要は宿命的といえる関東と東北の対決に義経は起爆的作用を与えたということだろう。奥州藤原氏はたしかにこの義経をかかえることで滅亡した。奥州合戦を通じて東北は鎌倉的（武力的）に〝通分〟されてしまった。奥州征討というこの強引な〝通分〟により、頼朝の武家政権は最終的に成立する。建久元年（一一九〇）の頼朝の上洛とその後の征夷大将軍への就任は、こうした形で誕生した武家政権の日本的特質の象徴であったのかもしれない。

こうした大きな問題はともかくとしても、文治から建久に至る五年間、換言すれば奥州討滅におよぶその期間は、義経にとっても、頼朝にとっても、さらに奥州藤原氏にとっても、〝それぞれの戦い〟があった。生きること、生き抜くために終わりなき戦いを続けなければならない義経。追うこと、追うことを通じ政治的正義の戦いを続けなければならない頼朝。その二つながらを受け、苦悩の戦いを強いられた秀衡。〝それぞれの戦い〟が始まろうとしていた。

❖義経その後

その後の義経の消息はどうか。十一月六日大物浦での難船後、義経主従は四散した。難破後、静の他数名の従者とともに天王寺に現われた義経一行は、その後吉野山へと逃走したという。『吾妻鏡』その他諸史料より確認し得る義経の足跡を記しておく。吉野潜伏後、同山の悪僧等の追捕をのがれた義経は、吉野山から多武峯《とうのみね》に向かったらしい。十一月末の頃だという。一方、愛妾の静は再会を約し、吉野山中で義経と別れ、蔵王堂に辿り着いたところを捕えられ、十二月初旬、京都の時政の許に送られた。

明けて文治二年（一一八六）正月、義経の行方は依然として不明であった。この頃、義経が多武峯の十字坊を頼って落ちたことが判明した程度で、捜索は困難を極めていた。畿内周辺の有力寺社が治外法権的特権を有していたことはよく知られているところだが、謀叛人義経が身をひそめる場として、南都北嶺をはじめとする有力寺院は都合が良かったに違いない。まして、都の周囲には義経への同情者も多かったろう。鎌倉側の追跡が思うにまかせぬ事情もこのあたりにあった。

二月十八日、鞍馬の東光坊《とうこうぼう》と南都の周防得業《とくごう》が、義経を隠しているとの疑いで鎌倉に召喚されている。鞍馬といえば、義経幼年時代の故地でもある。この方面を知悉している義経なれば、鎌倉側にとっても警戒対象地であったはずである。そういえば、例の義経暗殺未遂事件の折の首謀者土佐坊昌俊は義経邸を逃亡した後、この鞍馬山に身を潜めていたという。この地は確かに逃亡者にとって格好の地でもあった。ただし、この時期に義経が鞍馬山に入ったという証拠はなく、鎌倉側の嫌疑に過ぎない。

二月三〇日、熊野、金峯山《きんぶせん》の衆徒や大和、河内、伊賀、伊勢、紀伊、阿波の国司に対し、義経追捕の院宣が出されており、義経の行動範囲がこの方面であろうことも推測されていたらしい。事実、義経が三月十五日に伊勢大神宮に、「祈願成就」を祈り、太刀を奉納したとの報告も伝わっていた。まさに神出鬼没としか言いようのない行動である。

その義経が、今度は比叡山に潜伏しているとの情報が入ったのは同年四月のことだった。頼朝は早速、帥《そち》中納言経房に使者を送り、共謀の叡山の悪僧を検非違使庁が調査、捕縛すべきことを要請している。武士を直接入山させての積極的行動がもたらすであろう反動を考慮すれば、鎌倉側も軽率な行動はとれなかったのだろう。この叡山潜伏が確報として伝えられるのは、その後の閏七月のことであった。義経の侍童五郎丸が捕えられ、その自白から六月中旬頃までは叡山に庇護されていたことが判明する。

この時期、義経の行方について多くの噂が乱れ飛んだ。既に五月に入った頃には院中や摂政基通《もとみち》邸に義経が匿まわれているとの風聞、さらに六月初旬には義経が鞍馬にいるとの密告が、また仁和寺あたりに潜伏中との報告も入っている。ともかくも虚実入り交じっての情報が多かった。しかし義経の探索網が徐々にしぼられてきたことは間違いなかった。とくに義経の近縁者や家人たちが、この時期に相ついで捕えられているのは、そのことを語っている。

まずこの年の五月には叔父の行家が和泉国小木郷《こぎ》で登見された。行家は義経退京後も行動を共にしていたが、大物浦での難船後は河内・和泉方面に潜んでいたという。『吾妻鏡』によると、十二月和泉国の存庁官人清実なる者の宅に隠れていた行家を、北条時定《ときさだ》・常陸房昌明らが討手として捕縛に向かい、山中に逃れた行家をついに誅殺したという。ついで六月には大和の宇多郡にいた家人伊豆有綱《ありつな》（源頼政の子）が発見され、自害している。さらに七月末には義経の有力家人伊勢三郎義盛が誅された。そして九月には都に隠れていた、これまた義経親衛隊の一人で金売吉次の後身とも伝えられる堀弥太郎景光が捕えられた。この景光逮捕と同じ二二日、奥州以来無二の忠節を尽くした佐藤忠信も倒されてしまった。義経が股肱とたのむ家人たちは、一人また一人と失われていったのである。

こうして義経が畿内周辺で孤独な生き抜くための戦いを続けていた頃、もう一つの戦いが鎌倉で始まっていた。

❖よし野の白雪

義経との別離ののち、静は京都の時政のもとに送られた。詳しい取り調べがなされたことだろう。その静が母の磯禅尼とともに鎌倉に再度の尋問のために送られてきたのは、文治二年の三月のことであった。六日、静は幕府に召し出され、藤原俊兼《としかね》・平盛時《もりとき》両人から改めて厳重な訊問を受けた。京都での供述に疑点があるとする幕府側は、義経探索のための唯一の証人に対して、厳しい問い糺《ただし》を行った。が、結果は言を左右にし、要領を得ない静の答弁にそれ以上の追求は無理と判断したのだろう、彼女は許された。義経への思慕の念に鎌倉の尋問も歯が立たなかったようだ。

この取り調べがなされたほぼ一ケ月後、静は鶴岡八幡宮に召し出された。頼朝の妻政子の所望だった。有名な鶴岡社頭の舞いの場面である。万感の思いを胸に、水干《すいかん》を身に着け静は舞った。白雪の袖をひるがえし、愛する者への思慕を込めつつ静は吟じた。

吉野山峯の白雪ふみ分けて入りにし人の跡ぞ恋しき

静の舞い（江戸時代の版本より）

しづやしづしづのをだまき繰返し昔を今になすよしもがな

悲愴感あふれるその姿は社壇の壮厳さと一体化し、上下感動しないものはなかったという。『吾妻鏡』はそれを「誠にこれ社壇の壮観、梁塵《りょうじん》ほとんど動く可し、上下みな興感を催す」と語る。武に生きた男と愛に生きた女がいる。「入りにし人の跡ぞ恋しき」と吟じきる静の姿に、愛のために生きられる一人の女性の壮絶な戦いがあった。頼朝は激怒した。彼女の〝けな気な〟そして〝あぶなけ気〟ともいえる抵抗が気に障ったらしい。〝関東の万歳を祝うべきにもかかわらず、この頼朝の面前も憚らず、反逆の人義経を慕う歌を吟ずとは、奇怪千万と〟。

だが、この、頼朝の怒りは思わぬ所からの逆襲により、やり場を失うことになる。傍にいた政子の言葉であった。過ぎ去りし日々を恋に生きた政子にも静の気持ちと通じ合うところがあったに違いない。頼朝挙兵時の心細い心境を自らの体験をまじえ、語る妻の前に、頼朝もついに折れたという。男と女の愛情の機微をかたるこのあたりの『吾妻鏡』の描写はなかなかである。

静は懐妊していた。この社頭の舞いの四カ月後に男子を出産した。義経の子である。将来の禍いを断つためにも頼朝は政治的非情さでこれに臨まねばならなかった。わが子を失った静の悲しみは深く、義経をわが体内に宿すことが、あるいは宿すことによってのみ生きることができた静にとって何ともつらい結果であったろう。九月十六日、傷心を懐き静は母とともに鎌倉を発った。

再び奥州へ

❖義行から義顕へ

文治二年、義経は依然都周辺にいた。鎌倉側の京都代官（京都守護）はこの年の春、時政から一条能保にかわった。義経の追捕、捜索は以後この能保が中心的役割を担うこととなった。先に述べたように義経の叡山潜伏の報は、彼の僕童五郎丸の捕縛・自白により判明したものであった。右の件はその一条能保の書状という形で閏七月十日に鎌倉に報告されている。同書状には義経与同の叡山の悪僧として俊章《しゅんしょう》、承意《じょうい》、仲教《ちゅうぎょう》の三名の名が記されているとともに、義経改名の件についても載せられていた。

「義経は、三位中将殿（良経）と同名たるにより、義行に改めらるの由と云々」と。九条兼実の息子良経《よしつね》と同音なるが故とのことだというが、このあたり貴族的思考とでも言うべきなのかもしれない。貴族的発想と言えば鎌倉側にしてもある。頼朝の幕府の実質上の、きりもりは京都下向の官僚貴族であった。公文所（政所）長官の大江広元、問注所執事の三善康信いずれも公家出身の官僚たちである。その康信がやはり義経改名の件について、一くさり文句を言っている。つまり「義行はその訓《よ》み能く行く也」と語るように義行の音は能く隠れるのに通じた名である以上、これを元の義経に改めたほうがよいとの意見であった。これは義行改名後の半年後に鎌倉側より提案された意見であるが、大同小異の発想である。ともかくこと程さように義経の行方は依然不明だったのである。

この改名問題はさらに続く。右の提案を受けた京都側では、特に兼実の発案で、より早く発見されるようにと義顕と改名されることになったという。良経の父として謀叛人義経が再び同名にもどるのは困るという判断によるのであろう。真剣さを通り越し滑稽さえ感じる何とも奇妙な改名の一件であった。

義経改名をめぐる貴族間のこうしたやり取りは、当の義経にはまったく関係のないことだった。それはともかく、この義経が義行と改名させられた時期、義経が南都興福寺に匿まわれているとの報が入った。この時期義経の家臣が相ついで捕えられたことは既に述べたが、その一人堀景光の証言により、興福寺の観修坊聖弘《せいこう》という者のもとに潜んでいることが判明する。九月二一日、一条能保はこの報に接するや、直に比企朝宗《ひきともむね》に二、三百騎の軍兵をつけ坊内の捜索にあたらせたが、結果はまたしても空振りで義経は逃げ去ったあとであった。聖弘もまた姿を

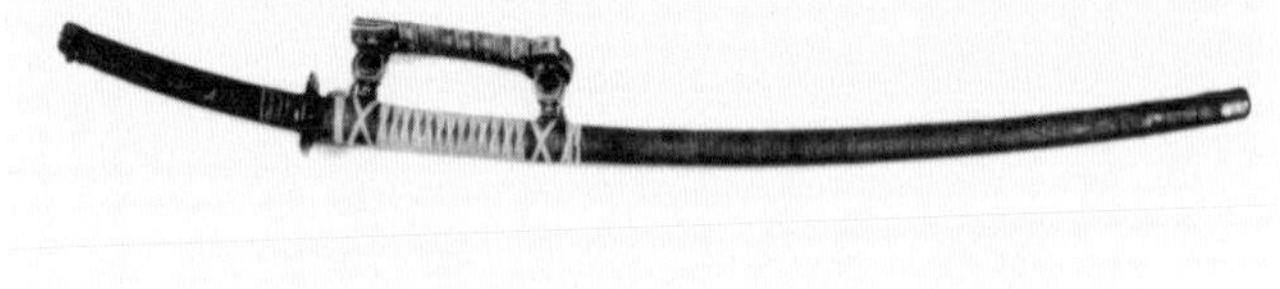

義経の寄進と伝えられる太刀（春日大社蔵）

隠していた。だが南都の名刹《めいさつ》興福寺への軍兵乱入事件で能保は興福寺をはじめ法皇以下の貴族たちから糾弾されることになった。叡山の一件でも鎌倉側の意を体して強硬な申し入れを行った能保であり、京都守護としての彼の面目にかけての南都への直接介入ではあったが、事は失敗に帰してしまった。

当然のことながら能保は弁明に務めることになる。この越権行為の波紋は少なくなかったが、武家側がこうした直接介入を行わざるを得なかった事情もあった。というのは、能保が、仮に南都の捜索を朝廷に申し出た場合、その情報がリークされる危険が多分にあった。事実、堀景光の自白によると、彼は義経の使として度々院の側近である藤原範季を訪れていたという。京都には依然として義経派がいた。この範季以外にも前摂政の基通、刑部卿の頼経さらには仁和寺の守覚法親王等々、後白河法皇を中心とした反幕派もいる。義経の畿内潜伏は当然彼等の協力があったろうこと、このことは鎌倉側も察知するところであった。

「義行今に出来《しゅったい》せず、これ且《かつ》は公卿侍臣みな悉《ことごと》く鎌倉を悪み、且は京中の諸人同意結構《けちこう》の故に候」（『吾妻鏡』）、「義行の事、南北二京（奈良と京都）、在々所々、多く彼の男に与力するは、尤も不便なり、重ねての仰せに随って武士を差し上ぐ可きなり、兼て又、仁和寺宮（守覚法親王）、始終御芳心有るの由承る所なり云々」（『玉葉』）との文言にそのあたりの事情が語られている。

十一月半ば頼朝は右に見るような強硬な申し入れを京都に送った。義行（義経）追捕の失敗は反幕的な京都側の責任であり、今後は大軍の派遣も辞さないとの頼朝の威嚇的申し入れであった。早急な対策を講じなければならなくなった京都側は、畿内及び北陸道の諸国に、追捕の宣旨を下し、あわせて神仏祈願を決した。前述した義顕への改名の件はこの折のことである。

かくして逃亡に身を俏《やつ》した義経の文治二年も暮れようとしていた。

❖奥州へ

文治も三年目の春をむかえたころ、義経は奥州にいた。前年の秋から冬にかけて義経の包囲網は一段とせばまり、京都周辺には危険が満ちていた。もはや彼を受け入れる最後の場所は奥州しかなかったのである。畿内の有力権門寺社を転々とした義経にとって、宗教領主としての〝点〟的規模での彼等の庇護よりは、〝面〟的＝領域的規模で半独立的気風を有した奥州の保護を受けることの方が、安全の度合は大きかっただろう。だが、北へ向かうことは鎌倉に接近することでもある。危険であった。

『義経記』その他の説話類には義経の奥州ルートを北国、北陸道まわりと記している。東海・東山両道方面からの奥州入りに比し、北国ルートは最も可能性が高い。能の「安宅《あたか》」や歌

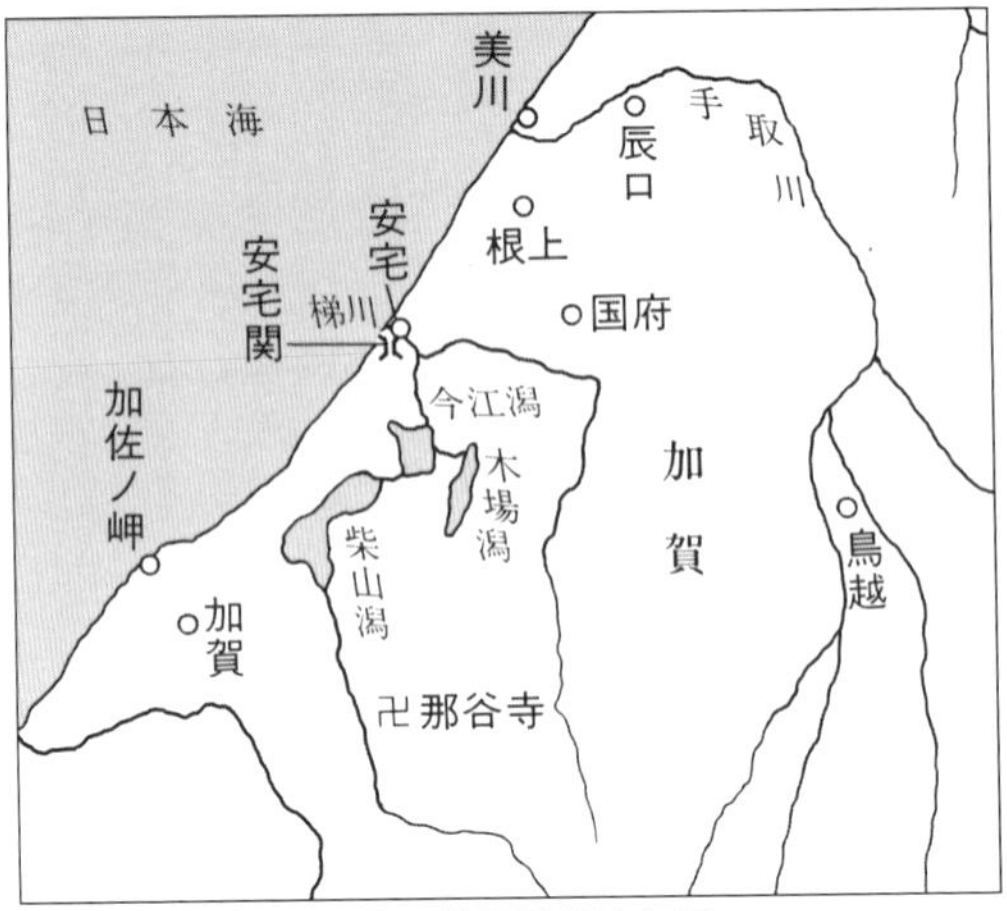

北陸の義経関係地名図

舞伎の「勧進帳《かんじんちょう》」等、後世名高い〝義経物語〟がいずれもこの北国を舞台として展開されていることも、その意味では理由のないことではない。

ところで、不明であった義経の居所に関して、秀衡の庇護下にあるとの報が鎌倉に伝えられたのは二月初旬のことであった。

「二月十日壬午前伊予守義顕日ごろ所々に隠れ住み、度々追捕使の害を遁れおはんぬ。遂に伊勢、美濃等の国を経て、奥州に赴く。これ陸奥守秀衡入道の権勢を恃《たの》むによってなり。妻室、男女を相具し、みな姿を山臥ならびに児童等に仮ると云々」と『吾妻鏡』は記している。この後三月五日にも「秀衡入道の結構の由」を伝える記事が見えている。伊勢、美濃を経ての奥州行きが信憑性が高かったことは、前年冬興福寺に義経が潜伏したおり、その逃亡を援助した聖弘の言葉からも窺われる。彼は一時南都より姿を隠していたが、鎌倉側に捕えられ、この年の春頼朝のもとに召喚されている。以下意訳を混じえつつこの聖弘と頼朝の興味深い問答を記しておこう。

〈頼朝〉予州（義経）は国乱の凶臣であり、逐電の後、誅すべき旨の宣旨が度々出ており、天下の尊卑の離反にもかかわらず、貴房一人が祈禱を致し、あまつさえ義経に同意しているとのこと、如何なる所存か。

〈聖弘〉予州殿が君の御使いとして平家を征せんとするの時、私が勝利の祈願を致したのは年来の約諾であり国のためでもある。また、彼が関東の譴責《けんせき》をこうむり身を隠したとき、彼の祈禱師であった誼《よしみ》で、南都の私のもとに頼ってきた。そのため一時的に難をのがれさせて頼朝公に謝罪すべきことを説き、法師たちを添えて伊賀国に送った。その後の音信はない。謀叛に加担したことも、同意したこともない。それなのになぜに与同の者として同罪と見なされるのか。思うに関東の安泰はひとえに予州殿の武功によるものだろう。しかるに讒言《ざんげん》をいれ彼の奉公を忘れ恩賞の地を没収するなら、人間として反逆の心を起こすのは当然ではないか。早く害心を翻《ひるがえ》し予州殿を呼び戻して和解し、兄弟で水魚の交わりをなされたらよかろう。それが治国の術でもあろう。自分は決して予州殿のみを庇《かば》って言うのではない。あくまで天下の静謐《せいひつ》を願ってのことである。

聖弘の正論の前に頼朝は黙した。この聖弘の陳述は義経派の誰もが言うべくして言い得なかった主張であった。頼朝は、「得業（聖弘）の直心」に感動したらしい。彼は勝長寿院供僧《しょうちょうじゅいんぐそう》職《しき》に任じられている。

ところでその聖弘の言を信ずれば、義経は南都脱出後、伊賀に入ったという。伊勢、美濃を経て奥州へ向かったとある前述の部分とをすり合わせれば、なるほどということになる。前年の秋から冬にかけて伊賀に入った義経は、その後伊勢、美濃をへて、北陸へ入り、文治三年の春には奥州入りを果したしたという筋書きになろうか。ただし、『玉葉』には伝聞ながら、五月四日に美作で義経が殺されたとの報が載せられている。むろん誤報であったのであるが、この点より、義経が依然として畿内周辺に潜伏していた可能性も考えられるということだろう。義経誅殺の噂がまことしやかに京都に伝わっている事実は、逆にこの時期に至っても、義経の行方が不明であったことの証明ということにもなる。

これを裏打ちするように『吾妻鏡』の四月四日条には「予州の在所未だ聞かず、今においては人力のおよぶ所に非ず」とも見えている。とすれば前述の二月十日及び三月五日両条に載せる義経の奥州入りの記事はあやしいということにもなる。前後の事情より判断すれば、やはり義経の奥州入りは、その年の春から夏あたりとするのが無難のようだ。

鎌倉中期の編集物たる『吾妻鏡』にはたしかに杜撰な記事も多い。その点では従来の諸見解は『玉葉』に軍配を上げてきた。ただし『玉葉』の記事が伝聞であることも加味した場合、『玉葉』に指摘する美作誅殺の報は、あるいは美濃の誤伝ではなかったかという可能性もある。

どう考えてもこの時期、義経が美作（岡山）にいるとは考えにくいというのが一つ。もう一つは『玉葉』では加藤光員《みつかず》が郎等を遣わしこれを斬ったとあるが、彼が京都守護一条能保の配下での行動だとしても、光員が伊勢方面に多くの所領を有した有力御家人であり、この点より推せば、むしろ美作よりは美濃への派兵の方が自然とも考えられる。むろん彼が在京中か否かは度外視しての話であり、特別の根拠のある推定でもない。ここはひとまず『玉葉』に従うしかないのだが。

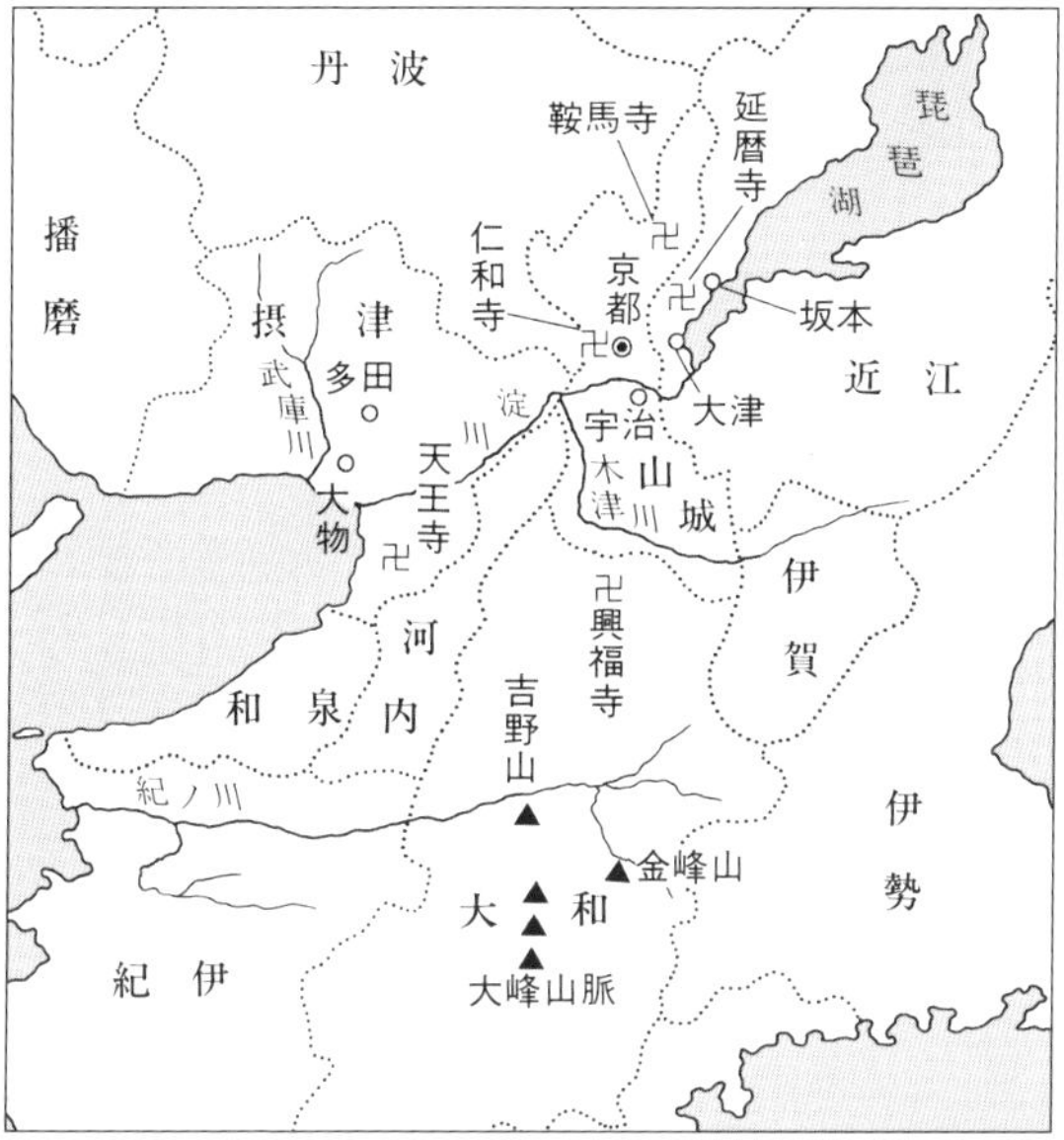

義経の潜行地名図

ついでながら『玉葉』と同様に義経奥州下向の早期説の否定の根拠となっている『吾妻鏡』の四月四日条についても、この一ヶ月程前に頼朝は秀衡と義経の与同の実否について京都に申し送っているわけで（三月五日条）、これを否定する秀衡の風聞でも伝えられたために、「予州の在所未だ聞かず」との表現になったと理解される。

以上はあくまで推測の推測であり、義経の奥州下向期に別段のこだわりがあるわけでもない。要はその年の春から夏の頃ということ以外は不明と言うほかはないのである。

鎌倉と平泉

❖秀衡のこと

以下、奥州について述べたい。義経を入れた秀衡の奥州についてである。この地はかつての後三年合戦に源義家と協力して陸奥・出羽《でわ》両国にわたり支配を確立した奥州藤原氏の支配領域であった。奥州藤原氏の三代、約一世紀に及ぶ富力と文化は、〝独立的気風〟にふさわしい威容があった。頼朝は北方の脅威を常に感じていた。既に寿永元年（一一八二）四月、江ノ島に勧請《かんじょう》した弁才天に秀衡の調伏《ちょうぶく》を祈願したという。

『百錬抄』その他によれば、秀衡はこの前年の八月陸奥守に任じられている。越後の城《じょう》氏も同様に越後守に任じられており、いずれも平氏の推挙によるもので、在地勢力を利用し源氏包囲網を企図した平氏の方策である。この時、京都では秀衡に陸奥守を授ける先例が無いとの意見も出たが、現実には奥羽両国は秀衡の実質上の支配領域であり、名義に拘泥《こうでい》すべからずとの判断で、結果的には陸奥守就任が実現した。

　ここで思い出していただきたい。秀衡の父基衡が説話の世界ではあったが、「在国司」と呼ばれていたことを。「在地国司」として培ってきたその実力がこの秀衡の段階で正式の国司への補任を可能にさせることとなった。むろん平氏の対鎌倉攻略と言う面はあるにしてもである。それはともかくこの秀衡の政治的判断の見事さは、決して兵を動かさなかったことであった。平氏の時は言うに及ばず、その後の義仲の申請による頼朝追討の院宣の場合でも、彼は兵を動かさなかった。ともかく頼朝にとって秀衡が擁する奥州は無気味この上ない存在だったに違いない。

　清衡、基衡そして秀衡と三代に亘り築き上げた奥州平泉の実力はこの時期、〝北方の王者〟にふさわしい威容を兼ねそなえるに至っている。秀衡以前、奥六郡《おくろくぐん》を支配下とする彼等に与えられていた唯一の公的職掌は豪族レベルでの押領使にすぎなかった。嘉応《かおう》二年（一一七〇）の秀衡の鎮守府将軍への転任とその後の陸奥守への補任は、その意味で実力的支配が公権により追認されたことを意味した。しかし他方ではこうした公権との同居が中央への組み込みを可能にさせたことも事実であろう。

　それにしても秀衡時代に至っての平泉の〝組み込み方〟が内乱期の中で実現されたことは留意されねばならない。とりわけ陸奥守補任の件はそうだ。これが前述したように城資永《すけなが》の越後守補任と同時期の平氏側の提案にかかるものであったという事実は、明らかに一方を頼朝に、他方を義仲への対抗措置として案出された計画と言うことができる。この平氏の提案は、東国を北国から牽制する上で多分に効果的な演出であったのかもしれない。かかる方策が現実的政治状況の中で有効性を持ち得たところに、この段階の〝官位の重み〟もあったであろうし、〝組み込む〟べき対象としての北国勢力の〝存在の重み〟もあったのであろう。

存在としての秀衡の平泉は確かに重かった。義経との確執が表面化して以後、鎌倉の頼朝にとっての最大の懸案はおそらくこの奥州問題にあった。全国的軍事政権の樹立を目指す頼朝にとって奥州との対決は時間の問題であった。その奥州に謀叛人義経が入った。奥州への介入の絶好の口実が生じたのである。鎌倉の〝好機〟は平泉の〝危機〟でもあった。結果から見れば、歴史はまさにその通りに進行した。

これを以て策謀家としての頼朝の一面を強調するとすれば、それは、余りに結果論での割り切りとなろう。頼朝の真意など憶測すべくもないのだが、ごく自然に考えれば、奇略の将たる義経が奥州に入ることを最も警戒したのは他ならぬ頼朝ではなかったか。秀衡と彼が有する奥州平泉の武力は未知数である。ましてここに軍略の将の義経が入ったとなれば、平氏一族滅亡後の余燼が、なお各地でくすぶり続けている状況の下で、終息しかけた内乱が再燃しかねない。頼朝はおそらくそう考えたことだろう。奥州戦は頼朝の幕府にとって思う以上に大きな危険もはらんでいたのである。

政治家頼朝の偉大さは、その慎重さにあったと言えば、贔屓の引き倒しになるのかもしれないが、彼は好機到来という右の事態に会っても、決して動かなかった。彼は宣旨ないし院宣という玉座の権威をその後、徹底的に利用しようとした。権威の光源体としての宣旨が、道の奥に浸透する波紋を確かめるような周到さで、秀衡を値ぶみしていたことだろう。義経の奥州入りした文治三年から四年の時期は、まさに鎌倉と平泉の神経戦が展開した段階なのであった。

❖神経戦の行方

さて、義経である。と言っても、この時期の義経について彼の言動を伝える史料は皆無であり、その点からすれば、彼の奥州の地での具体的行動を伝える記述は不可能である。義経が奥州入りをどんな思いで果たしたのか。あるいは今後彼が秀衡とどのような計略をめぐらし鎌倉に対抗しようとしたか。すべてが想像という他はない。それにしても一年半の流亡の果ての奥州入りであった。思えば第二の故郷とも言うべきこの地で、彼は多感な少年期を送ったのである。

十年余りの歳月はすべてを変えてしまったようだ。平氏打倒のために秀衡の誘いをふり切って鎌倉に参陣したあの若き情熱も、凱旋将軍として西に転戦したあの華々しい雄姿も、もはや無縁であった。ここに身を置く義経は謀叛人でしかない。だが、奥州は優しかったに違いない。奥州がそうであるように義経にとって、秀衡は第二の父、親以上の親であったろう。「いかなる親の嘆き、子の別れということも是には過じ」とは『義経記』の世界ではあるが、秀衡の死に臨み男泣きしたという義経の姿に、彼を育んだ奥州の、そして秀衡の優しさを想像することができる。

秀衡は豪胆であった。人物描写の上で使いふるされたこの形容が似つかわしいほどによく似合う人物、秀衡はそんな人間だったろう。歴史への演技と言う場面から言えば、彼は絶品だった。人生には〝言うべきこと〟〝口が裂けても言ってはならぬこと〟があるらしい。〝豪胆〟さとはこの両様を〝分別〟という天性の器量により使い分けできる心根なのかもしれない。奥州の秀衡が保持した優しい〝豪胆〟さを、義経は誰よりも身にしみて感じていたことだろう。秀衡はこの傷心の英雄を庇い続けた。鎌倉側がどんなに疑いの目で見たとしても、平泉は沈黙を守り続けようとした。『吾妻鏡』はその模様を次のように伝える。

秀衡入道、前伊予守を扶持《ふち》し、反逆を発するの由、二品訴え申さしむの間、去ぬるころ、庁の御下文《くだしぶみ》を陸奥国に下されおわんぬ、その時、関東同じく雑色《ぞうしき》を遣さるところ、今日帰参す。秀衡においては異心なきの由を謝し申す。しかるに雑色の申す如くんば、既に用意

の事あるかと云々。仍って彼の雑色を重ねて京都に差し進めらる。奥州の形勢を言上せしめんがためなり（文治三年九月四日条）

要は義経の奥州入りの報に接した頼朝が、京都にその旨を訴え、秀衡を牽制しようとしたが、当の秀衡が、「異心なき」由を京都に伝えたものの、鎌倉側が副えた使者の報告では、「用意の事」があるとの観測であり、そのためこの旨を言上すべくその使者を上洛させた。大意はこんなところだろう。義経潜伏の証拠を何とか探りたい頼朝と、「異心なき」ことのみを語る秀衡。京都を介して展開されるこの両人の暗闘であった。秀衡はここで義経が奥州にいるとは決して言っていない。しかも、「異心なき」とは京都に向けられた言葉なのである。この場合、院庁下文への返答である以上、それがルールであった。秀衡にとって鎌倉に弁明すべき理由は何もない。〝私〟の鎌倉が、〝私〟の平泉に何を言おうと、知ったことではない。頼朝とて〝公〟としての京都を介さねば何らの解決にもならぬことを承知していた。頼朝も秀衡と同様、歴史への演技を心得ていた人物である。

頼朝は〝公〟の部分を徹底的に利用しようとした。というよりも利用せざるを得なかったと言ったほうが正確かもしれない。謀叛人としての義経が追討宣旨という公的世界に入った以上、鎌倉殿の家人という〝私〟的世界の入る余地は、もはやない。論理としていえばそうなるはずだ。以後、平泉への執拗とも思われる鎌倉の干渉は、こうした事情にもとづく。

膂力《りょりょく》に満ちた秀衡の〝豪胆〟さはこの〝神経戦〟を堪えぬく自信があったのであろう。が、彼には誤算があった。自己《おのれ》の命についてである。「用意の事」は彼の存命中には訪れなかった。鎌倉戦を射程に入れての、奥州の決意はこの秀衡の時代にはやってこなかったのである。

文治三年十月二九日、秀衡は死去した。「結城系図」その他から推して没年六五歳前後ということになろうか。臨終に望み、秀衡は義経を大将軍として協力せしめるべく国衡・泰衡以下の子息たちに遺言したという。奥州の自立こそ北方の王者秀衡にとって言いつづけなければならぬことの一つであった。『玉葉』には、秀衡が死去の際に、子息二人と義経に起請文を書かせて兄弟の融和を誓わせ、義経を主君として両人がこれに仕え、協力しつつ関東に当たるべきことを遺言したと記されている。国衡・泰衡・忠衡・高衡・通衡・頼衡と多くの子息をもつ秀衡にとって、異母兄弟の結束こそが平泉の安泰につながることを読んでいた。そしてこの秀衡の読みは正しかったのである。

家督をついだ四代の泰衡の気の毒さは、父の豪胆的気質を受けつつも、これを発酵させるまでの時間的余裕が与えられなかったことである。奥州の政治的危機は強力な指導者を緊急につくり上げねばならないところにあった。義経を主君として仕えるべく遺言した秀衡の真意はまさに「奥州の自立」を目ざさなければならないギリギリの選択であった。このことを以て義経を第二の鎌倉殿にあて、頼朝に対抗し得る新たな東北政権を構想していたなどと主張するつもりはない。興味ある問題ではあるが、義経の主君云々は何よりも、伝聞でしかない。深入りは禁物である。

さて、〝神経戦〟の行方であるが、泰衡は京都に対しても、鎌倉に対しても鋭敏すぎた共鳴盤をもちすぎた。公の論理の前に〝私〟の世界を貫き通し得なかったのである。彼は義経か奥州かのいずれを取るか迫られていた。秀衡死去後の文治四年（一一八八）は、平泉にとって岐路の時期でもあった。

頼朝の夢

❖頼朝の夢

ところで、秀衡が死去した文治三年、義経与党の残党狩りは鬼界島《きかいがしま》にまでおよんだ。義経残党の隠居の報に接した頼朝は、この年の九月鎮西守護人であった天野《あまの》藤内遠景《とうないとおかげ》に命じ、「貴界島征伐」を断行したという。そこは、硫黄島を中心とする日本の南界に位置する島々の総称であった。ここは地の果て流罪の島であり、例の鹿ケ谷事件で俊寛以下の配流の地としても有名である。

その鬼界島について頼朝は夢を見た。『曽我物語』の話である。室町初期の成立にかかるこの作品の真偽は別にして、興味深いのは、ここに示されている夢の内容である。伊豆の流人時代のこと、頼朝の家人安達盛長は「君の御ために、めでたき御示現をかうぶり候へ」と語る。その夢は、「箱根御参詣ありしに、左の御足にては、外浜をふみ、右の御足にては鬼界島をふみたまふ。左右の御袂《たもと》には、月日をやどしたてまつり、小松三本頭にいただき、南むきにあゆませたまふと見たてまつりぬ」と。頼朝はこれを聞き驚喜しつつ、「頼朝、この暁、不思議の霊夢をかうむりつるぞや」として、盛長の夢見との奇妙な符号を説くというくだりである。盛長が夢見たものは、同時に頼朝の夢でもあった。同様の話は『源平闘諍録《げんぺいとうじょうろく》』にもあるが、いずれもそのモチーフは頼朝の全国制覇という点にある。後世に史実と合致させた形で語られたこの話は、たしかに先の、〝鬼界島征討〟と、〝蝦夷・奥州征討〟の事実をふまえたものということができる。

ここで少しこの夢をふくらませたい。既にふれた清盛の夢との対比の上で、頼朝の〝鎌倉の夢〟について語りたい。清盛の〝福原の夢〟がある面では日宋貿易を軸とした壮大ともいえる海洋国家構想をもっていた可能性については前述したが、これと同様の大風呂敷を〝鎌倉の夢〟にも当てはめてみたい。この問題は鎌倉にとって北方とは何かという問題にも帰着する内容をはらんでいる。

ここで、東北地方について古代以来の関東との因縁を考えてみよう。以下の稿は、東北の地、盛岡で書いている。義経を育み、そして葬り去った奥州の前史は長い。エミシの国とされるこの地方の歴史を詳しく繙《ひもと》く余裕はないが、少なくとも、この東北と関東との間には宿命的な相剋が存在した。

この盛岡の南方に位置する志波《しわ》・胆沢《いさわ》の地は、かつて蝦夷征服戦での前進基地が置かれた地域でもある。宝亀・延暦年間以来、蝦夷問題は平安期を通じての国家的プロジェクトであった。対東北戦のために、東国・関東は兵站基地の役割を担わされた。畿内の中央政府にとって、同心円的に拡大する周縁地域は、〝化外《けがい》〟の地であり、その限りでは東国も東北も、〝エミシ〟〝エビス〟の地であった。〝夷を以て夷を征す〟との方針は東国と東北にも当てはまるわけで、宿命的相剋とは、このことを指す。そしてこの相剋・対立は平安期を通じ再生産される。前九年・後三年の両合戦もそうだった。さらには頼朝による対平泉攻略＝奥州合戦も結局のところ、東国（関東）と東北の総決算であるといってよい。

頼朝の関東は、秀衡・泰衡の東北に対して、かつての頼義・義家が安倍氏に、あるいは清原氏になした、その歴史的な〝因縁〟とも呼び得る論理で臨んだ。〝源家の家人たる義において〟との私的論理を東北におしつけようとした。東国・関東の主観に支えられたこの論理を頼朝が〝成敗〟という名のもとで合理化するためには、やはり正当な理由が必要とされた。追討の対象者たる義経を隠匿した罪は、その点では奥州討滅の絶好の口実となったことだろう。

こうした東国と東北の歴史的因縁をおさえた上で、話を再び〝頼朝の夢〟に戻したい。頼朝の夢に出てくる外ヶ浜とは、津軽半島の東部に位置する本州の最北端であった。後のことになるが、幕府の法律書というべき『沙汰未練書《さたみれんしょ》』には「東夷成敗」の語が見えている。「東夷成敗の事関東において其の沙汰あり、東夷は蝦子《えっそ》の事也」。ここにいう「東夷成敗」とは単に東北のことではなく、むしろ外ヶ浜以北の夷が島（北海道）までも含めた「蝦子」（蝦夷）人への成敗＝支配権を指すものと解される。とりわけ彼等により担わされていた北方交易の品々を関東が沙汰＝支配する権とでも表現し得るものであった。

こうした「東夷成敗」権の祖型は、奥六郡を中核として東北の自立を達成していた奥州藤原氏の関与にかかわるものであったと想像される。外ヶ浜が鬼界島とともに日本国の境界に位置づけられるのは、頼朝の奥州合戦以後のことであり、奥州戦以前は外ヶ浜は日本国の〝内なる外〟であった。藤原氏の東北は当然のことながら〝内なる外〟の立場で、自立を達成していたわけで、この外ヶ浜を含めて夷島との北方交易に奥州藤原氏が関係していたことは充分なる可能性がある。奥州は摂関家の荘園が多いが、貢納物として、アザラシなどの毛皮が献上されている。北の海にしか棲息しないこれらの動物の毛皮が品目として見られることは、直接・間接の別はあれ、北方交易への関与を裏づけている。奥州が貢馬と貢金の国であったことは言うまでもないが、その豊かな資源は北方との交易を通じ、さらに倍加されたに違いない。

頼朝が見た夢は、その意味で外ヶ浜に至る〝内なる外〟を、関東の武力で〝内なる内〟として東国化することにあった。さらに言えば、その外延部に広がる北方交易の支配にあった。「東夷成敗」権とは、その夢が実現された中味である、と言えば、やや乱暴な議論であろうか。

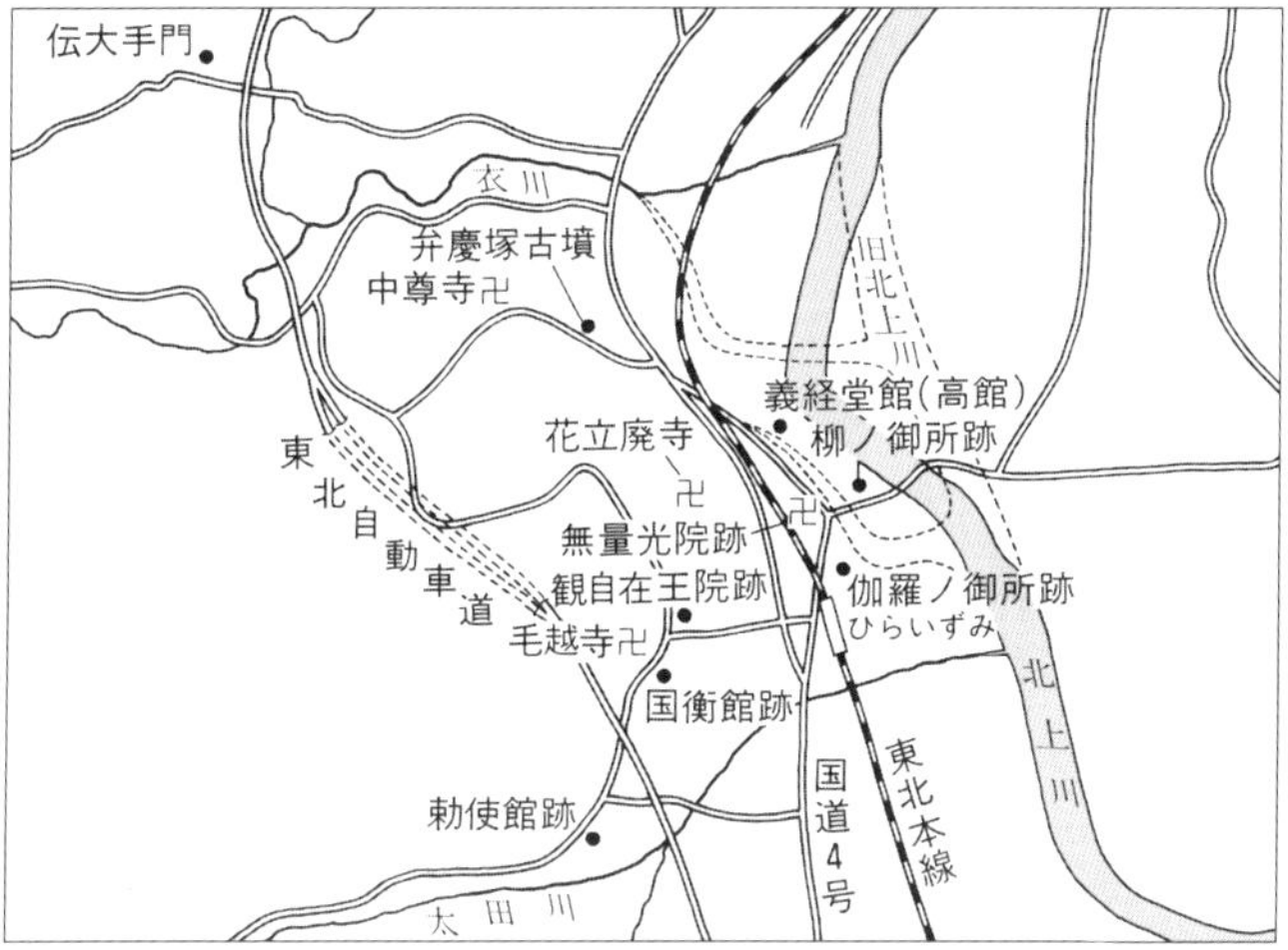

平泉地図

❖平泉の風景

鎌倉の夢とは別に、奥州の夢もある。平泉である。悠久な北上の流れはこの地に北方の文化を開花させた。中尊寺・毛越寺《もうつうじ》・無量光院と平泉文化が織り成すその姿に奥州の夢が盛られている。ここに秀衡が、泰衡が、そして義経がいた。当時の平泉は平泉館や無量光院などを中心とする北上川の右岸地区と、毛越寺・観自在王院《かんじざいおういん》を中心とする地区に分けられるという。現在、史跡公園となっている「柳ノ御所」はかつての平泉館の跡地ともいわれるところだが、この地は義経が自害に追い込まれた館の跡という高館《たかだち》から南東に走る舌状の高所に位置しており、平泉の街衢《がいく》を考える上で、なかなか興味深い場所にある。

この柳ノ御所跡と高館の両地点は眼下に北上川を臨む高所に位置し、ここからの眺望はまことに絶景と言ってよい。当時の平泉館の有力候補とされるこの付近は、北上川の流

柳ノ御所跡　現在は史跡公園になっている。　アフロ提供

れでかなりの侵食を受け、〝兵どもが夢の跡〟の手応えを直接には伝えていないようだ。侵食と言えば、この「柳ノ御所」付近は近年急速に宅地化が進み、保存と開発の二つの攻めぎ合いの中にある。道路建設にともなう負の要素が史跡の保存や発掘調査を可能にするという皮肉な場面でしか地下の平泉と面会し得ないという状況はやはり問題だろう。それはともかくとしても、この「柳ノ御所」からは大小の土器の破片をはじめ、幾多の生活遺物が出土している。発掘担当者の一人、三浦謙一氏の談によれば、数本の側溝や堀跡らしきものも確認されているという。

「柳ノ御所」と呼ばれるこの風流な地名は、もちろん『吾妻鏡』にはない。『八坂本平家物語』に見える「柳ガ館」を後世そう称したという。後世の命名にかかるこの名称から壮大な平泉的ロマンを感得することは自由であろうが、〝御所〟の語感から、壮大な街衢をイメージすることも危険なのかもしれない。そのあたりのことは、いずれも不明である。不明

高館発掘風景

という点では、「柳ノ御所」の北西に位置する椀形台地の高館についても同様である。中尊寺の東南に位置するこの館は、衣川の流れが北上川と落合う所にあることから、衣川館ともよばれた。比高差五、六〇メートル内外の小高い丘の上にあるこの館で、義経は自害したと伝えられている。川をはさみ対岸のはるか遠方には束稲山が見える。北上の流れは幾遍かの河道の変遷があったという。その点では十二世紀の川筋は現今のものとはかなり異なっていたと想像される。

この衣川館はかつて秀衡の妻の父にあたる前民部少輔《さきのみんぶのしょう》基成《もとなり》の館であったという。義経は入奥後、秀衡の関係で、この館に居を定めたらしい。

義経の最期

❖衣川の挽歌

いよいよ義経の最期を書かなければならない。文治四年二月、頼朝は義経の動向について重要な情報を入手する。義経が陸奥・出羽両国の反幕勢力を集め挙兵しようとしているとの報であった。この報告は頼朝が出羽に派遣した法師昌尊《しょうそん》により鎌倉にもたらされるが、ちょうどその頃、出羽の国司からも京都に奥州の情報を知らせる報告があり、ここに第七回目の追討宣旨が出された。二月二一日のことである。さらに二六日には前陸奥守藤原基成および泰衡に対し義経を召し進むべき院庁下文も発せられた。しかし平泉側は泰衡の請文《うけぶみ》を提出したものの、言を左右にして容易に義経を召し進める気配はなかった。そこで十月には再び宣旨を下すことになったが、そこには官軍派兵の一句も加えられ、義経捕縛の件が強く督促されていた。

一方、平泉にあっては、この時期に藤原一族間の不協和音が目立ち始める。秀衡亡き後の奥州にあっては、義経の存在が平泉の結束を弱めることとなった。義経の扱いをめぐり泰衡兄弟の間には対立も生じつつあったのである。

こうして文治は五年目の春を迎える。義経最期の時期が迫りつつあった。その頃、京都では奥州での義経の窮状を裏づけるように、義経再入洛の風聞がうわさされていた。その年の正月十三日、叡山の悪僧千光房《せんこうぼう》なる者が捕えられたが、その千光房は義経の消息文を所持していたという。『玉葉』によると、その書状には義経が再び京都に遷る意志が示されていたとある。このことが陰謀露顕のきっかけとなったらしい。刑部卿頼経以下の公卿の不平分子が叡山の悪僧と結託しての義経のかつぎ出し工作だったという。頼朝はこの陰謀事件に厳重な抗議を申し入れ、あわせて、首謀者の処分を断行させたのであった。二月二二日、頼朝は右の件を含め京都に六ヵ条の申し入れを行った。さらにこの申し状の三日後には鎌倉側は使者を奥州に派し、その形勢をうかがわせている。

文治五年の正月に発覚した陰謀事件以後、頼朝の奥州討滅作戦は急速に具体化する。奥州へ使者を派遣した翌日、去年奥州に下向していた官使守康《もりやす》が上洛途上鎌倉に逗留し、義経の身柄進上を約した泰衡の請文を示したが、頼朝はこれを見て、「泰衡の心中なお測り難し……今一旦の害を遁れんがために、その趣を載すといへども、大略は謀言か、ほとんど信用すること能はず」（『吾妻鏡』）として、これを無視したという。頼朝にとってターゲットは奥州の泰衡であった。「先日より勅定に背き、これを召進せず」というのが、頼朝が奥州討滅に用いた論理であった。だが泰衡は前年来の京都からの追討命令に加えて、一族内での対立という内外からの揺さぶりの中で、この時期に至ってついに義経討滅を覚悟した。

事実、これと前後して二月十五日には泰衡は義経の同情者と目された末弟の錦戸《にしきど》太郎頼衡を殺している（『尊卑分脈』）。〝目標は奥州にあり〟との頼朝の意志は固かった。結果として泰衡側が義経をどう処分しようと自由だが、〝問題は再三にわたり、勅定に背いたことなのだ〟とも言いたげな鎌倉側の主張、この主張は「泰衡の自由の請文、いささかも御許容の限りに非ず、速やかに宣旨を下さる可し」という形で、京都側に伝えられた。三月二二日のことである。頼朝にとって法皇が泰衡の請文を受諾し、平泉側と妥協するような事態になれば、奥州討滅の口実は失われかねない。「速やかに宣旨を下さる可し」との頼朝の意向は、こうした鎌倉側の危惧の表明でもあった。

北の奥州はもはや義経を見はなした。鎌倉の圧迫の前に泰衡はついに義経を見限る決意を固めざるを得ない状況となっていた。閏四月三〇日、兵数百騎を従えた泰衡は義経の衣川館を襲撃した。『吾妻鏡』はその模様を次のように伝えている。

今日、陸奥国において泰衡源予州を襲ふ、これ且つは勅定に任せ、且は二品の仰せによっ

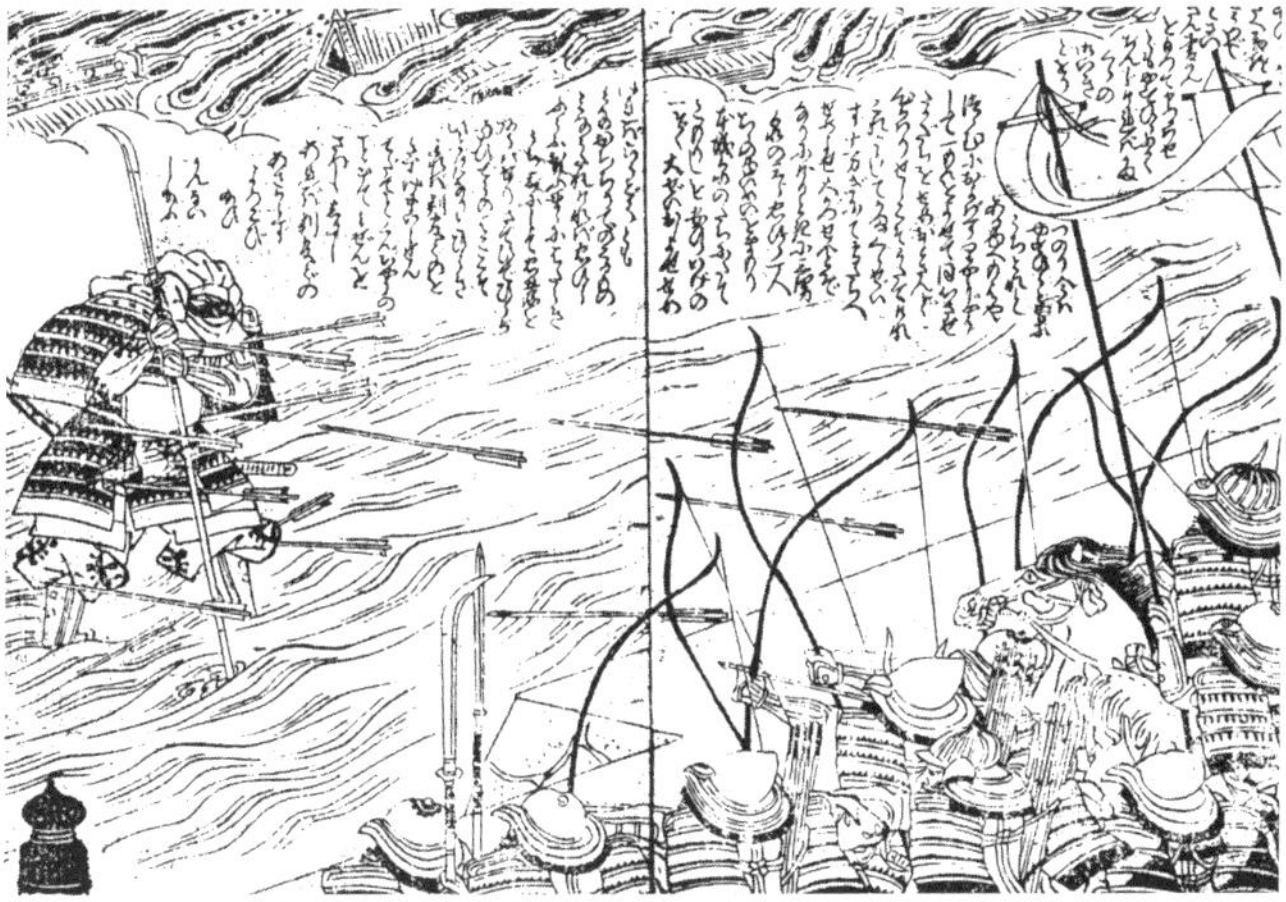

高館の戦い　泰衡の軍勢に対して奮戦する武蔵坊弁慶。
（江戸時代の版本より）

てなり。予州は民部少輔基成朝臣の衣河の館にあり、泰衡は兵数百騎を従えて、その所に馳せ至り合戦す。予州の家人等相防ぐといへども、ことごとく以て敗績す。予州は持仏堂に入り、先づ妻（河越重頼の女）二十二歳子（女子四歳）を害し、次いで自殺すと云々

義経は死んだ。三〇年の悲劇的生涯はこうして終わったのである。戦うために生き、生きるために戦ったその生涯に幕がとじられた。義経の首級は六月十三日泰衡の使者により腰越にもたらされた。黒漆の櫃《ひつ》に納められ美酒に浸されていたという。「観る者みな双涙《そうるい》を拭《ぬぐ》ひ、両衫《りょうさん》を湿ほすと云々」。変わり果てた義経の姿であった。

しかし、義経の死は奥州安泰の代償とはならなかった。泰衡の平泉は鎌倉によって滅ぼされた。義経の死後四ヵ月後の文治五年も秋のことである。

❖義経の亡霊

義経自害の数ヶ月後、鎌倉に奥州より飛脚の報がもたらされた。「奥州の飛脚、去ぬる夜参じ申して云く、予州幷《ならびに》木曽左典廐《さてんきゅう》子息及び秀衡入道の男等の者有り、各同心合力せしめ、鎌倉に発向せんとするの由、謳歌《おうか》の説有りと云々」。『吾妻鏡』は義経以下の遺恨の者共が同心し関東に発向したとの風聞を右のように伝えている。文治五年十二月のことであった。平泉滅亡の余燼なおくすぶり続けていた奥州にあって、右の報は頼朝に警戒の色を強めさせることとなった。もとより義経や義仲の名を借りての所業であろうが、既に亡き義経の名がまことしやかに語られていること自体、興味深いものがある。

頼朝は北陸道方面に軍勢を派したものの、この義経亡霊騒動の顚末が具体的に明らかになったのは翌文治六年の正月のことである。いわゆる大河兼任《おおかわかねとう》の乱がそれであった。主家藤原氏の滅亡後、その弔い戦と称し反鎌倉勢を結集し、出羽南部を拠点に挙兵した兼任の勢力には、あなどり難いものがあった。「或いは伊予守義経と号し、出羽国海辺庄に出て、或いは左馬頭義仲嫡男朝日冠者と称し、同国山北郡に起き、各逆党を結ぶ」と見える反乱勢力七千余騎は、秋田城を攻略後、陸奥の多賀国府を襲い、鎌倉へと進軍の予定だったらしい。しかし冬期の行軍は困難を極めたらしく、出羽の八郎潟の渡河作戦において、氷が割れ、五千余人が溺死した。

その後反乱与党派は秋田方面で由利維平《ゆりこれひら》を、また津軽方面では宇佐美実政《うさみさねまさ》を倒し猛威をふるった。幕府側はこれに対抗すべく千葉常胤・比企能員等の有力御家人に動員令を発し、一万余の軍勢を再組織して平泉に向かった兼任軍を四散させた。

多賀国府では留守職《るすしき》がこれに与同するなど、大乱の様相を帯び始めたが、最終的には孤立した兼任が殺され、乱は終息に向かった。義経の名を借りてのこの乱は、三ヶ月にわたり奥羽両地域を席巻したもので、幕府側の対応を見ても決して単なる局地戦ではなかった。

兼任の乱で自身が挙兵の旗印としたものが、泰衡の弔い合戦を名目にした反幕勢力にあったことは留意されてよいだろう。頼朝の強引な奥州征討がこうした形で表面化したわけで、兼任にとって義経にしろ義仲嫡男(清水冠者義高《しみずのかじゃよしたか》)にしろ、あるいは泰衡の男にしろ、いずれも鎌倉の犠牲となった者たちであり、反乱勢力を組織する上で格好の人物たちであった。鎌倉への存念を残し、無念の涙をのんだ彼等三者とその遺子たちを擁しての反乱は、その意味で確かに迫力があったに違いない。義仲を倒した義経、その義経を討った泰衡とここに登場する三者の関係はなかなかおもしろい。表面的な敵対関係とは別にこの三者はともに鎌倉の挑発にもとづき、葬り去られた犠牲者であった。義経はもとより、義仲やその嫡男で武蔵の入間川で誅された義高、さらに平泉を棄て夷狄島への逃亡途上殺された泰衡と、いずれも存念の最期であった。鎌倉に敗れた彼等の亡魂はこの奥州の地で一同に会することとなったのである。

❖主従制の論議

さて、この兼任の乱でもう一つ指摘したいことがある。主従制の問題である。この蜂起が主人泰衡の弔い合戦＝仇討ちであったことはすでに述べた。「古今の間、六親もしくは夫婦の怨敵を報ずるは尋常の事なり、未だ主人の敵を討つの例有らず、兼任独りその例を始めんがため、鎌倉に赴く所なり」と『吾妻鏡』（正月六日条）はその間の事情を語っている。ここで問題にしたいのは、主人の仇討ちが兼任の例をして「その例を始め」と言わしめたことである。この場合、兼任自身が語ったとされる右の言葉は、正しくは『吾妻鏡』の編者のそれであるわけで、そこには『吾妻鏡』的中世の仇討ち観が投影されていると見てよいであろう。

右の記事を鵜呑みし、そこから〝兼任という人物、なかなかの忠節者だ〟との結論を導き出すならば、それは余りに平凡すぎる解釈というべきだろう。なぜなら中世社会にあって、〝武士道〟の中核をなす主従間の忠節は、常に定量的な面も強く、それ故に主人のための絶対無二の忠節などを想定しても、無理なのである。ということは、右の兼任の言葉も、むしろ郎従たる兼任が主人の仇討ちのために蜂起した行為自体が、実は特異なことであったが故の記載と見た方が、はるかに解釈としては自然のはずである（高橋昌明氏前掲書）。このことを考えるにはもう少し説明が必要だろう。

中世の史学史を繙けば判明するように、主従制の議論には長い論争の歴史がある（拙著『武士団研究の歩み』Ⅱ、新人物往来社）。大まかに言えば、戦前にあっては尚武的気運と忠君愛国的時代観も手伝って、主従関係を片務的・絶対的関係とみなす考え方が濃厚とされたが、戦後は逆に西欧的主従間に見る双務的契約・定量的関係が強く支持されるに至った。前者をウェット型、後者をドライ型と区別してもよかろう。しかしこの両者を全て一方のみで割り切ることも問題とされ、中世にあっては、ウェット・ドライ両者の併存を考えるべきだとの見解が大方の支持を得ているのが実情ということになる。つまり中世の主従関係には家礼《けらい》型と家人型の両タイプがあり、定量的・契約的な対等の主従関係（ドライ型）は家礼型において顕著であり、逆に片務的・絶対隷従の主従関係（ウェット型）は家人型に該当するというものである。ただし同じく従者と呼ばれていても、どれを家礼型とするか家人型とするかである。

ごく普通に考えれば、所領を有した在地領主級の武士が家礼型と言ってよいだろう。その点よりすれば、大河兼任は明らかに秋田郡衙を拠点にこの地方に勢力を張った領主級の武士であり、家礼型に属するタイプということになろう。中世初期にあっては、この家礼型こそがノーマルな主従関係であって、中世後期以降家人型が登場してくるに至り、主従道徳が云々されるようになる。だから兼任的な従者＝家礼型が主人の仇討ち云々というのは、当時の意識からすれば、誠に奇妙だったのかもしれない。もし仮にこの時期にあって主人の仇討ちがごく一般的であったとすれば、兼任自身、あえて義経を持ち出す必要もなく兵力徴集も容易であったはずだろう。

❖奥州合戦の意義

義経亡き後の奥州合戦の経過について、ここで詳述するつもりはないが、頼朝にとってこの奥州合戦がもつ意義は最少限指摘しなければなるまい。不思議に思うのは、戦意なき奥州になぜに頼朝は進攻したのだろうか。当然すぎるこの疑問には、それなりの解答が用意されてきた。一般論としてはより堅固な武家政権の確立を目指す頼朝にとって北方の脅威の除去が必要であったことは言うまでもないが、そうした理解のみではやはり奥州合戦の意義を考える上で不充分だろう。ここではもう少し頼朝の〝政治〟という場面から解答を引き出してゆくべきだろう。

結論を先に言えば、頼朝にとって合戦もまた政治であったということだ。歴史に〝もし〟という表現は御法度ではあるが、〝もし義経が奥州に逃亡しなかったとしたら〟どうだろうか。頼朝はたしかに奥州進攻の口実として義経問題を利用した。だが、それは口実以上のものではなかったわけで、たとえ義経問題が無かったとしても、おそらくは奥州進攻は時間の問題であったろう。なぜなら頼朝にとって奥州は前九年の頼義以来、源家の〝政治〟の「場」であったからである。『吾妻鏡』を繙くと判明するように、頼朝は奥州合戦に臨み、ことさら頼義時代の佳例・先例を引き合いに出している。文治五年九月六日、泰衡は前述のように家人の河田次郎に殺されたが、その泰衡の首が陣岡《じんがおか》に届けられるや、かつて前九年合戦で頼義が安倍貞任の首級を梟首《きょうしゅ》した先例にならい、八寸の釘打ちを行わせている（実際に中尊寺に安置された泰衡のミイラには、顔面に十数ヶ所の刀傷とともに眉間《みけん》に直径一・五センチの小孔があり、これが史書と符合している）。奥州合戦は頼朝にとって前九年合戦の再現の「場」であった。その意味で奥州合戦は頼朝にとって、〝家人〟安倍一族にも連なる藤原氏を制裁する「場」であり、それは同時に頼朝政治の発現の「場」でもあった。

奥州合戦はかつての源平合戦と全く異質な、次元を異にする戦いであった。頼朝自らが軍兵を率いて臨んだこの戦いは、決して内乱期の源平戦と同質のものではなく、むしろその政治的効果を充分に計算に入れた上での行動ということができる。たしかに文治六年において、すでに内乱は終わりを告げていた。まして義経亡き奥州にあって、これを討滅すべき理由はなかった。王朝貴族の代表後白河法皇が言を左右にして、奥州追討の院宣を出し渋っていた事情も、頼朝の内乱的論理を保障することへの警戒の現われでもあったと言ってよい。この点で後白河法皇がその後も頼朝の「征夷大将軍」への就任を拒み続けた理由も当然であった。奥州進攻にさいし、〝軍中にあっては将軍の令は天子の詔に優越〟するとの有名な大庭《おおば》景義《かげよし》の言（『吾妻鏡』文治五年六月三〇日条）は、そうした頼朝の〝私的成敗〟を可能にする論理が集約されていたわけで、御家人統制上の演出効果としての奥州合戦の意義を考える必要もある。

一般に御家人制の成立は建久年間に入ってからと理解されているが、頼朝が奥州合戦にむけて全国規模での大動員令をかけ鎌倉への参集を呼びかけたことは、既に奥州合戦が単に打倒奥州を目指す軍事的側面ばかりではなく、これを通じ鎌倉殿への奉公を具体的な戦役の場面で確認し、御家人の再把握を政策上で実現する方向を打ち出していたことにもなる。その限りでは奥州合戦は一般武士にとって鎌倉殿への忠誠を示す試金石でもあった。

治承・寿永の内乱と建久のはざまに位置するこの奥州合戦は建久の頼朝の諸政策の前提をなすものであり、合戦という形態を取りつつも、〝頼朝政治〟の胎動を確認することができる。前述した奥州合戦での〝頼義故実〟に対する頼朝の執着ぶりも、全国レベルでの武家政権の樹立を目指す頼朝にとって、意図的演出こそが必要であった証明なのである（以上の点も含めて、奥州合戦と〝頼義故実〟との関連については川合康氏「奥州合戦ノート」『文化研究』3所収）。そうした意味で奥州は頼朝の「政治」に不可欠の「場」なのであり、鎌倉の〝自家発電〟の犠牲になったのかもしれない。

V

再び伝説は語る

海を渡る義経

❖外ケ浜

史実の義経は前章で終わった。死すべき時に死んだ義経について、復活させる必要もあるまい。以下の話はあくまでも史実から距離をおいた伝説としての義経像である。英雄には伝説がつきものであるが、その意味では伝説の量が英雄の資質を決定すると言ってもよいだろう。義経の生涯は短かった。その短さに反比例するように、伝説の量は多く、それだけに義経人気のスゴサもわかる。悲劇的な彼の生き様が民衆の共感を呼び、そこに敗れし者への憐憫と愛惜の念が結びつき、虚像的義経がつくられていった事情もわかる。この虚像的義経についていえば、彼の入夷伝説は義経を語る上で欠かせぬ問題であろう。義経復活神話とも言うべき入夷伝説が肥満化しながら歩きつづけてきた。中世の小さな英雄は、近世には大きな大きな英雄となった。小さな英雄を学問的節度さを以て語ること、これが歴史学の責任だ、と言い切ることもできる

外ケ浜・龍飛岬・蝦夷

が、これを虚構でくるんだ大きな英雄に仕上げた民衆の意識を探ることも、歴史学の対象となるはずだろう。そんなことをここでは念頭に話を進めたいと思う。

　この稿三厩《みんまや》（三馬屋）で書いている。津軽線の最終駅で知られるこの場所は、また義経の入夷伝説の地としても知られる。衣川館脱出後の義経主従が、馬三頭をこの地の岩窟に繋いだところに由来するという。入夷伝説などはもとより虚説であろう。が、この虚説が伝説として生き続け存在していることは事実である。

　ここから外ヶ浜を臨むことができる。頼朝が夢見たあの外ヶ浜である。津軽半島の東側、陸奥湾に面したこの地は、中世にあっては日本の東の端と考えられていた。そしてその外側の蝦夷島は国家の外に置かれた流刑地とされた。中世における蝦夷とは、国家的共同体外に位置づけられた悪しき者を放逐する場所とみなされていた。それは、西の流刑地鬼界島と対応するものであったとされる（大石直正氏「外が浜・蝦夷考」『日本古代史研究』所収）。この外ヶ浜を北西に進むと最北端龍飛《たっぴ》岬である。津軽海峡から〝蝦夷の地〟北海道が眼前に広がっている。〝北海道はこんなに近いものだったのか〟とは、この龍飛に立つ者が誰しも思う感慨だという。龍が飛翔し、風舞うこの先端から海の潮目がくっきりと浮かんでいた。伝説の義経もここに来たことだろう。

三厩と龍飛の間に義経寺《ぎけいじ》がある。小高い山の上に位置するこの寺の創建は江戸時代だという。鉈《なた》彫りで有名な円空《えんくう》もここを訪れている。義経渡海の地とされるこの付近は蝦夷島に渡る上では格好の地点だったのであろう。津軽と北海道とは古い時代から擦文《さつもん》文化の圏内にあり、中世には北方日本海交易が海峡をはさみ展開された。海峡は〝海〟であると同時に、この場合たしかに〝川〟でもあったのである。〝しょっぱい川〟とも表現される二面性も、こうした文化的・経済的交流の中で理解されるべきなのだろう。その点では蝦夷の地は語感以上に遠いものではなかったわけで、衣川館から脱した義経が北をめざし渡海したとの話も、創らるべくして創られた感が強い。

もっとも義経の入夷伝説は少なくとも中世には存在しない。あの『義経記』でさえ、義経と蝦夷地との関係についてはふれるところがないのである。後に述べる御伽草子の「御曹司島渡り」の場合、同じく室町的小説の世界であろうが、ここに示されている〝島渡り〟とはもとより蝦夷・千島を想定したものであっても、衣川館脱出譚《たん》に見る生存入夷伝説とは無関係なものなのである。中世の義経は未だ小さな英雄だった。それでは肥大化した近世的義経が復活説話として独り歩きする状況はどんなものだったのか。これを考える前に、もう少しだけ津軽の地で思考をとどめたい。

❖「御曹司島渡り」

既にふれたように入夷伝説が本格的展開を見るのは近世江戸期になってのことだが、その素地は室町の御伽草子の世界にも存在していた。御伽草子とよばれる室町的気分の小説におおむね共通するものが、〝婚姻〟と〝致富〟に代表される幸福観に支えられていたことは指摘されている通りであろう。その意味では、この「御曹司島渡り」も例外ではない。

御曹司義経が不思議な島々をめぐり、蝦夷島に渡り、鬼の大王のもとで美しい姫に助けられ、秘法を写し取り、源氏の世を草創するとの設定である。ここでは〝婚姻〟的要素が大王の娘朝日天女との契りにおいて、〝致富〟的要素が秘法の書写という行為の中で置き換えられているものの、他の御伽草子類と比べ格段の相違があるとは言えまい。神仏の利生《りしょう》、弓矢の誉《ほまれ》、笛歌の徳《とく》と、この御伽草子的世界を構成する要素は様々であるが、「御曹司島渡り」ではとりわけ義経が保持していた〝たいとう丸〟という笛であった。『義経記』にあっても〝漢竹の横笛〟のことがふれられていた。『義経記』といえば、この「御曹司島渡り」のモチーフ自体は、ここにある。鬼一法眼の話を思い出していただきたい。そこでも義経は法眼の姫の手引きで秘法の書写に成功しているのである。それはともかくとして、蝦夷が島に至る冒険譚、これが「御曹司島渡り」の骨格であった。

奥州の秀衡のもとにいた義経が、平氏打倒の手だてを相談するところから物語は始まる。相談された秀衡は、日本は〝神国〟であり、武力のみでは望みは達成できず、北方の蝦夷が島の喜見城《きけんじょう》にいる鬼の大王が持っている〝大日の法〟を体得することが肝心だと答える。かくして、〝蝦夷が島〟をめざした御曹司の冒険が始まる。〝馬人島《うまひと》〟〝裸《はだか》島〟〝女護《にょご》の島〟〝菩薩島《ぼさつじま》〟とそれぞれに義経の〝たいとう丸〟が危機を救い、ついに蝦が島へと到達し、目的を果たし帰ってくるという。ちなみに、蝦が島の場面では〝付子《ぶす》の矢〟をもった島人に取り囲まれるくだりがあるが、ここでは明らかにアイヌを意識しての描写だろう。鳥《とり》冠《かぶと》の根の汁をさらして作った毒矢が〝付子の矢〟であり、彼等に固有のものである。このことは、中世後期に成立したこの御伽草子的世界にあっては、蝦夷＝アイヌについての知識が相当に濃厚だったことを語るものであり、空想的描写の中に点在する〝現実〟を示すものとして興

御曹司島渡り（秋田県立図書館蔵）

味深い。要するに北方交易にともなう蝦夷地への知識、これがこの物語の端々に窺えるのである。

この点は例えば御曹司が船出したとされる「四国のとさの湊」にしてもそうだ。明らかにこれは「土佐」ではなく、津軽の「十三湊《とさみなと》」のことであろう。中世庶民の夢を語るこの御伽草子の中に、三津七湊《さんしんしちそう》の一つに数えられた十三湊のことが記されていることはおもしろい。「これは北国、または高麗の船も御入り候ふ」と答える十三湊での船頭との会話を引き合いに出すまでもなく、この地は北方日本海交易の拠点でもあった。筑前の博多、和泉の堺、越前三国《みくに》とともに賑わったこの湊の面影をこの地で確認することはできない。防風・防潮のための灌木に囲まれた畑から、いまでも中国・朝鮮から伝来した青磁・白磁片が見つかるという。御案内いただいた市浦村教育委員会佐藤智雄氏のお話である。

御伽草子の義経もここに来ている。天然の良港として知られるこの地は、津軽の雄族安東氏の拠点でもあった。安東（藤）氏は系譜的にはかつての前九年合戦にかかわった安倍氏につながる。安東氏と言えば、鎌倉末期、幕府滅亡の一因ともなった津軽大乱（安東氏の乱）の主役となった一族であり、彼等こそが、北方の中世日本海交易を担った存在であった。この安東（藤）氏は鎌倉時代のはじめに「東夷の堅め」（『保暦間記《ほりゃくかんき》』）のために幕府（北条氏）の代官となり、「蝦夷管領《えぞかんれい》」の職に就いたといわれるが、この「蝦夷管領」（『諏訪大明神絵詞《すわだいみょうじんえことば》』）こそが、前に述べた幕府が有した「東夷成敗」権の具体的内容の一つであった。

十三湖を眺めつつ話は、ついつい安東（藤）氏の方にまではみ出してしまったが、「御曹司島渡り」にいう土佐（十三）湊とはそんな場所だった。

❖弁慶の伝説

ところで、この「御曹司島渡り」を読んで気にかかることがある。弁慶がいないのである。義経とともに常に語られる弁慶がここには登場していない。この超人的強さをもった不可思議な人物に関する史料はゼロに近い。『吾妻鏡』に若干その名が記されている程度で、一ノ谷から壇ノ浦にかけての西海での転戦にあっても、彼の名を『平家物語』や『源平盛衰記』以外から探すのは難しい。その点では伝説的弁慶像は『義経記』的世界で増幅された産物と言うこともできる。もっとも武蔵坊と名乗ったこの人物に該当する僧兵的な存在が実在したことは疑いなかろう。

この弁慶にまつわる伝説も義経と同様に多く、彼もまた「判官贔屓」を演出したヒーローの一人であった。弁慶の活躍と言えば、誰もが思い浮かべるのが歌舞伎の「勧進帳」の場面であろう。義経主従の北国下りの一幕、加賀国安宅関《あたかのせき》で義経一行は富樫《とがし》左衛門尉に嫌疑をかけられたが、〝東大寺大仏殿の勧進のため出羽の羽黒山に下る山伏である〟との弁慶の機転で富樫を説き伏せる場面である。むろん江戸期の歌舞伎的世界での話ではあるが、その原型は能の「安宅」以来のものであり、更に言えば『義経記』に全ての源流があるとしても過言ではない。その『義経記』では右の「勧進帳」の部分は「如意《にょい》の渡《わたし》」での話として語られている。ここで有名な弁慶による〝主打ち〟が行われたことになっている。加賀の安宅を無事に通過した一行は倶利伽羅《くりから》峠を越え越中国へと入ったが、「如意の渡」で渡守の平権守《へいごんのかみ》に義経扮する大和坊を見咎められ、その疑いを晴らすために弁慶が主君義経を打擲《ちょうちゃく》することで、納得させるというくだりである。この他、北国下りの話で、弁慶が中心的役割を演じている場面はかなり多い。

弁慶（江戸時代の錦絵）

　史実上で義経がどのように奥州に下向したのか、具体的には前述したように不明であるが、この『義経記』にはかなり詳しく示されており、中世室町期の奥州ルートの一端を知る上で興味深い。なお、ここでは義経が北国下向にさいし、妻を同行させているが、その女性は「久《こ》我《が》大臣の姫君」という設定であり、平時忠の娘とはなっていない。まして河越重頼の東国娘では都合も悪かったのだろう。久我家が中世に盲人の当道座と関係があったことを想起すれば、『義経記』的さかしらなサービスが伝わる気がしておもしろい。

なお、北国下りでの義経主従のいでたちが山伏姿であるというのも興味を引く。しばしば指摘されているように、この説話の管理者・伝播者に山伏との関連も推測されている。ここに登場する久我＝土御門《つちみかど》は、陰陽の元祖安倍晴明《あべのせいめい》との関係も強く、近世中期には諸国陰陽師はこの家の統制下にあった。鬼一法眼のことは、既に述べたが、これと安倍晴明との関連も注目されるわけで、陰陽と修験との結合を含めて、山伏姿の含意を考えさせられる。サービスと言えばその姫君＝北の方が出羽の亀割山《かめわりやま》で出産することになるが、ここでもまた弁慶の祈禱が功を奏し、女子（亀割御前）が誕生したとなっており、『吾妻鏡』の空白をうめてくれる。『吾妻鏡』には義経の衣川自害の場面で妻（河越重頼の娘）と四蔵の娘を害した上で義経の自害のことが記されているのみで、妻子の存在については、これ以外にふれるところがなかった。その点からすれば、大筋では『吾妻鏡』的史実をふまえた上で、その空白部分が埋められているわけで、『義経記』に見る衣川合戦での北の方と亀割御前の死もそうした史実に符合させようとした『義経記』的虚構の産物と言える。

衣川合戦と言えば、ここでも弁慶の最後の活躍の場面が伝えられている。身に数十の矢を受け、長刀を杖に仁王立しつつ往生する弁慶の雄姿は、多くの人々の語り草となっている名場面でもある。弁慶もまた義経同様、万斛《ばんこく》の涙をのんで壮絶な最期をとげたのであった。多くの虚飾で彩られた語り物の世界、例えば、衣川合戦を主題とした『高館草子』でも、その両人の生存伝説はまだ登場していない。

❖入夷の伝説

義経が衣川から脱し、生存しているとの風聞は、当時でもあった。例の大河兼任の乱では、兵力結集の方便として義経の名を用いた点は疑いないにせよ、義経生存説を受け入れる素地があったことは否定できない。ただし、これは蝦夷地に渡海したとの入夷の伝説とは別物であろう。前にもふれたように義経主従の蝦夷地入りがまことしやかに語られ始めたのは、やはり近世に入ってからであった。

アイヌ語学者として著名な金田一京助氏の論考に「義経入夷伝説考」(『アイヌ文化志』所収)という作品がある。大正三年のものであるが、今日でも学問的みずみずしさは失われていない。以下での内容は、この「義経入夷伝説考」からの孫引きでもある。それによると義経入夷伝説が登場したのは、二つの動機が引き金になっているという。漂流民の一件が一つ。二つにはシャクシャインの乱をはじめとする蝦夷地での蜂起騒動である。ともに江戸初期の寛文《かんぶん》期(一六六一~七三)の出来事で、これが蝦夷地への興味・関心へと連動し、様々な憶説が取沙汰されるに至ったという。『蝦夷島漂着記』には蝦夷地の消息の中にアイヌが義経を崇拝しているとのことが記され、また寛文の乱に松前軍に参加した通辞の勘右衛門なる者が著したとされる『蝦夷談筆記』にも同様の記述があるという。以後類書が続々と出され『蝦夷随筆』・『北海随筆』等々、義経の蝦夷伝説は大きな広がりを見せるに至る。

ちなみに文化年間（一八〇四〜一八）の作『渡島筆記』の関係部分を引用すると「古しへ、ウキクルミ、シャマユクルといへる兄弟あり、軽捷にして高所より飛などする術を得……人或いは此説をとりてウキクルミを義経とし、シャマユクルを弁慶とし、或いは、ウキクルミを弁慶とし、シャマユクルを義経とす。」とも記されている。一方、こうした伝聞・聞書き的なものとは別に、近世史論界にあっても入夷のことが云々され始めたのが、やはり寛文期あたりだという。林春斎《しゅんさい》の『本朝《ほんちょう》通鑑《つがん》』が義経の渡海入夷にふれた最も古いもので、ついで『大日本史』、そして新井《あらい》白石《はくせき》の『蝦夷志』において義経の蝦夷落ちのことが一層明白に語られるに至っている。ただしここに紹介したものは、義経の入夷伝説の存在についてふれているのであって、決して衣川落延びを確説としたものではない。『本朝通鑑』には「或曰う。衣河之役義経死せず、逃れて蝦夷島に至る。其の遺種今に存す」と附記し、『蝦夷志』では「アイヌは飲食の時之を祝してヲキクルミと云ふ。之を問へば則ち判官と曰ふ。判官蓋《けだ》し所謂ヲキクルミ、夷中廷尉を称する所の言なり」と見えている。さらに『大日本史』（「義経伝」）では「世に伝う、義経衣川館に死せず、遁れて蝦夷に至る」との世評を伝え、「今に至りて夷人義経を崇し奉る。祈りて之を神とす。蓋《けだ》し或は其の故あるなり」と結び、義経の延命を口吻するニュアンスさえ窺える。しかし、これら中央史論界での諸書はいずれも、〝正説〟を是認している点では、ある種の節度が保たれていたと言ってよいだろう。

いずれにしても、義経蝦夷落ちの穿鑿がこうした形で紹介され始めたことは、やはり留意されねばならない。その意味で近世史論界の雄たる新井白石、安積澹泊《あさかたんぱく》なども義経の入夷のことに関してかなりの興味を注いだらしく、両人の往復書簡『新安手簡』にも、蝦夷人所持の器物や地名から「義経蝦夷へ被レ渡候と申す説荒唐之談にも有レ之間敷と被レ存候」と澹泊が語れば、白石も寛永年中（一六二四〜四四）に漂流した越前の船頭の言を紹介し、義経主従の韃靼《だったん》への渡海のことを示唆している。この時期、近江の沢田源内なる人物による〝金史別本《きんしべっぽん》〟騒動の一件もあって、白石・澹泊の義経入夷のことが関心を引いたらしいのである。その騒動というのは、義経のことが中国の史書『金史』に載せられているとの風評から端を発したものだったという。それが偽作であることが判明するにしても、この両硯学の学的好奇心を動かしたことは事実であった。

❖〝入夷〟から〝入満〟伝説へ

かくして寛文〜享保《きょうほう》の江戸の初中期頃には義経入夷の伝説について幅広く受け入れられて行く素地がつくられていった。入夷伝説を分類した場合、蝦夷地に〝ベンケイ〟〝ベンケナイ〟等のアイヌの地名があり、これに弁慶を附会させる、地名関連伝説、またアイヌ神話中のヒーローを義経・弁慶と誤断したところから創られた神話誤断伝説、さらにかつての「御曹司島渡り」のような御伽草子類がアイヌに伝えられ、近世に至り入夷した探検家や商人あるいは漂流民により、それが誤伝される復活誤伝説と、その内容は様々であった。ともかく、こうした形で伝説は伝説を育み、江戸中期には、義経主従の入夷の件は庶民の間に広まっていった。正徳《しょうとく》二年（一七一二）に刊行された馬場信意の有名な『義経勲功記』を一読すれば、このあたりの事情は一層明白となる。面白いので最後の一説を引用しておく。

去る程に伊予守義経は衣川を遁れ出、事ゆえなく蝦夷に渡海し玉ひ、威すに武を以てせられしかば島中の者共悉く怖れをののき帰伏して端蝦夷《くちえぞ》奥蝦夷《おくえぞ》共に尊敬すること大方ならず。されば此島の西の方の海中に巌あり、水中より上に出ること三丈ばかりヲカモイ石と号す。是れ義経の烏帽子を取て投玉ひし処とかや。其外白糸の滝、島コマキの北に弁慶崎と云へる所あり……其の外義経の古跡勝《あげ》て計《かぞ》へがたし。……義経は島の王となり給ふのみにあらず、限りなき長寿を保ち玉ひ、殊に子孫永く蝦夷の棟梁と成り玉ふ。目出度かりしことなり

出鱈目《でたらめ》の極致をまことしやかに創作するその意欲に敬意さえ覚える一節である。

さらに『鎌倉実記』（加藤謙斎・享保二年）に至ると、〝伝説〟は満州へ渡ってしまう。既に義経の韃靼《だったん》渡来説については白石の紹介するところでもあったが、同書は『義経勲功記』を拡大し、満州に渡った義経がそこで子をもうけ、その子が金の範車国大将軍源光録義鎮と呼ばれているかのごとく見せかけた、例の〝金史別本〟の偽作説を取り入れるまでに発展した。義経の蝦夷地伝説から満州（中国東北部）への入満伝説はこうして誕生する。同じく享保期に書かれた津軽藩の『津軽一統志』（享保十六年）にも義経が蝦夷地を平定し、金国に渡ったことが示されており、この時期には入夷伝説が入満伝説へと広がっていたことがわかる。

この入満伝説は幕府の蝦夷経営が盛んとなる天明・寛政期には一層の発展を見る。蝦夷踏査が進展し、北方への関心が深まったこの時期に出された『国学忘貝』（森長見、天明《てんめい》三年）では、義経が満州に入って清朝の祖となったとの説を唱え、『図書集成』の中にある清帝自らの序に「朕ガ姓ハ源義経裔、其先ハ出二清和一ヨリ、故ニ号ス二国ヲ清一ト」とある字句にその証を求めようとした。

が、桂川甫粲や伊勢貞丈などの学者から痛烈な論駁をくらうことになる。特に桂川の『桂林漫録』（寛政《かんせい》十二年）では「彼の説は、忘貝のみにもあらず、普く世に言ひ伝ふる所なり。同好の士義経の事に於いては永く懸念を絶つ可し」と言明してもいる。

『国学忘貝』の話は、かつての〝金史別本〟騒動と同様、偽作にかかわるものであったが、それにしてもかかる妄説が再生産されるところに、義経人気を越えた義経信仰にも近い臭いさえ感ずることもできる。江戸期を通じて義経伝説は入夷から入満へと変化したが、世上広く流布した所謂《いわゆる》成吉思汗伝説は、ついに江戸期には登場しなかったのである。

❖成吉思汗説の登場

そして明治、義経はついに成吉思汗になった。『義経再興記』（内田弥八訳、明治十八年）には、既にあった韃靼《だったん》（清朝元祖）説と蒙古（成吉思汗）説との混合が喧伝され、成吉思汗説の登場を見るに至った。グリフィスの説を末松謙澄が英文に草し、これを訳したものであったという。この成吉思汗説は幕末期の安政年間に再来日したシーボルトが韃靼方面に義経を祀った祠が現存するとの話を伝え、これが脚色され、この『義経再興記』にも影響を与えたらしい（『異説日本史』人物編　昭和六年）。当然のことながら、右の成吉思汗説は明治期の官学史学派から完膚なきまでに駁論される。星野恒「源義経の話」（『史学叢説』所収、明治二四年）、重野安繹「源義経」(「学士会院雑誌」第八、明治二九年)は義経の入夷説の当否を諸史料より検証した上で、衣川自刃説を再度確認したものであった。以後、重野・星野両説は正統派史学の定説として位置づけられるに至るが、義経＝成吉思汗説が全く姿を消したわけではなかった。
入夷・入満説が登場するには、幾つかの波動があった。北方への関心あるいは情熱というものが、その一因をなしたことは否定できまい。幕府の蝦夷地経営が云々され始めた江戸中期以降、〝伝説〟が新たな衣をまとい、〝更なる伝説〟を創り上げていった事情を確認し得るのであるが、明治以降における成吉思汗説が再三云々されるのも、英雄不滅観という素朴な感情に加えて、やはり大陸への関心という状況を無視しては語れまい。満蒙への関心が領土膨張論と結びつき、〝五族協和〟的発想のエネルギー源として存在し得えた状況は確かにあったのであろう。成吉思汗説の極め付けとも言うべき一書『成吉思汗ハ源義経也』(小谷部全一郎、大正十三年)が上梓されたのは、そんな時代だった。

亜細亜は亜細亜人の亜細亜なりと主張するの止むなきに至らしむ。日本は一たび白禍の東侵を奉天対島に阻止するを得たるも、之を以て禍根は終局せるものと視做すべきにあらず。由来歴史は繰返へさるゝ事実に徴するも、成吉思汗の時代に於けるが如き東西の軋轢訌争は遂に復た避く可らざるなり。嘗ては成吉思汗説の源義経を産したる我が神洲は、大汗か鉄蹄を印して第二の家郷となせる亜細亜洲の危機に際し、之を対岸の火視して空しく袖手傍観するものならむや。成吉思汗説第二世が、旭日昇天の勢を以て再び日東の国より出現するは、蓋し大亜洲存亡の時機にあるべき耳《のみ》

何とても勇ましい結語である。右の一文からでも、この著作がいかなる時代に書かれたかの推測は容易であろう。全十二章三〇〇頁に及ぶ同書について、これを歴史学的俎上で云々しても始まらない。なぜならそれは〝義経教〟とも言うべき義経信仰の告白の書に他ならないからでもある。〝近来の快著〟として一部支持者に歓迎された同書は、識者から見れば〝快著〟ならぬ〝怪著〟と映じたであろう。その限りでこの〝怪著〟はまた時代の産物であったと言ってよいだろう。義経伝説の足跡を求め北海道はおろか遠く満蒙の地を踏査しての情念の書である。〝クローの砦〟と〝九郎〟、〝タイシャア像〟と〝大将〟、〝ジンギス〟と〝源義経＝ゲンギケイ〟の同音類音を現地の見聞にしたがって録すなど、独断的発想の感も強い。ここにあっては、〝日本の発見〟と〝義経の発見〟はほぼ同義であった。義経を蒙古に発見することにより「第二の家郷」をここに求め、「亜細亜人の亜細亜」を標榜するその主張に中世の義経も苦笑いしたことだろう。

未完の英雄

❖時代の子

伝説の義経像の足跡について、御理解いただけただろうか。本書はこれまで謎多き伝説部分の義経（Ⅰ・Ⅴ）と史実の義経（Ⅱ・Ⅲ・Ⅳ）を書き分けつつ、論を進めてきた。伝説や説話上の義経はともかくとしても、史実に立脚した義経を語る場合『吾妻鏡』や『玉葉』といった極めて限定された史料でしかその実像に迫ることができず、その限りでは、従来の義経論をどれ程、塗りかえることができたのか、不安も少なくない。ただでき得る限り最近の研究成果を吸収し、これを活かすように心がけたつもりである。本書の構成上、義経とは直接関係のない武士論や国家論あるいは武器論を挿入しながら話を進めてきたのも、〝大説〟としての義経論を自分なりに確認したかったことによる。

当たり前のことではあるが、義経もまた時代の子であった。中世という時代が育み、成長させた一人の武将の生涯は、英雄として人々に語りつがれてきた。その語りつがれて行く伝説の中で、義経像は肥大化し、雪だるまのようにふくらみ続けて行くが、そうした伝説の義経像もまた時代の産物であったことにかわりはない。われわれが問題にしてきた義経は遙かなる中世における彼の姿である。伝説と史実のはざまに揺れる義経像を具体化するには、義経の真情を推察し、これを人物論に仕上げても、所詮それは〝小説〟的義経像の域を出るものではない。そうした仕事は明治以来の義経論の中で大家といわれた歴史家がそれなりのスタンスで行ってきたわけで、その成果に学ぶべき点も多い。

❖未完の英雄

歴史上の議論の対象とされる人物の中でも、義経にかかわる刊行物は、おそらく膨大な量にのぼるに違いない。その歴史的意義から言えば頼朝と比べものにならぬ程、小さな存在でしかなかった義経が、頼朝にも優るとも劣らぬ数の論文や著作に取り上げられている最大の理由は、やはり未完で終わった小さな英雄に対する愛惜の念も多分に絡んでいたことだろう。〝未完の英雄〟というこの形容が義経ほど似つかわしい人物もまれであろう。

義経はあらゆる意味で、〝未完〟であった。政治家としては無論、戦術家としても決して完成した器の持ち主とは言えまい。旧陸軍の騎兵関係者の編纂による『日本騎兵史』での義経戦術論に楯をつくつもりはないが、一ノ谷から壇ノ浦戦に至る破天荒な作戦は、将たる器に根ざした行動とは必ずしも言えない。〝奇襲〟を旨とする義経的戦法は最終的にはルール違反とも考えられないこともない。このことは、既にくり返して述べた。頼朝が、そして景時が何度となく指摘した義経の〝雅意〟〝自由〟も客観的には、将たる器量の基準からの隔たりを示す言葉として理解できよう。

だが、この〝自由人〟義経はやはり人物として、中世という時代を越えても魅力的である。〝自己の家人をいつくしみ〟その死に際し涙する義経、逃亡先に静を同伴させた未練がましき義経、と、いずれをとっても、近世的武将像としては〝未完〟であるが故の人間くささを感じないわけにはいかない。義経の悲劇は何よりも、この〝未完〟のままに中世という新しい時代を意識することなく、思うがままに駆け抜けた純粋さにあったのだろう。

頼朝の幕府が中世の幕あけか否かは議論の余地もあろうが、かかる政治形態がその後の日本の武家政権史上に一つのエポックをなしたことは認めて差し支えあるまい。その意味で頼朝は東国にあって一つの時代をいくつかの政治的選択肢の上で、最も有効な形でつかみ取った人物であったろう。そこには早熟的な形ではあれ、封建的な国家の在り方さえ内包されていたわけで、守護・地頭制の展開にはらまれた壮大な中世国家の可能性は、ここに胚胎することになった。

頼朝は彼と彼を取りまく東国武士たちが希求していたものが何であったかを充分とはいえないまでも承知していたに違いない。非人道的とも思われる頼朝の警戒心なくしては、やはり鎌倉政権は成立し得なかったかもしれない。ルールの人、頼朝の政治的力量を余りに過大視するのも危険ではあるが、義経との対比で言えば、この程度のことは許されよう。ここで義経を酷評するつもりはない。平氏打倒のみを念頭に〝壮大なる善意〟のもとでの義経の行動が結果として、天下草創にむけて幕府を樹立しようとした頼朝の〝狡猾なる智恵〟に敗れたに過ぎない。

翻って義経の存在意義とは何であったのか。平氏討滅に大きなはたらきを示した義経ではあったが、そこから新しい時代を創造する主体とはなり得なかった。皮肉なことに、その新たな時代の契機は、むしろ〝武将〟としての彼ではなく、〝逃亡者〟としての彼に存した。後白河法皇の王朝国家に譲歩を迫り守護・地頭の勅許を引き出し得たのも、奥州平泉に武力的介入の口実を与えたのも、この〝逃亡者〟としての彼の存在にあった。

古代から中世への大きな歴史のうねりの中で、生を凝縮するかのごとく戦い続けた〝未完の英雄〟は、その運命に抗しきれず、死すべきときに死んだのであった。〝生〟を全うしえず、〝未完〟で終わった彼の生涯は、伝説として英雄となることで完了したのであろう。

「新訂版」によせて

記録と記憶のせめぎ合いという場面でいえば、義経ほどこれに見合う人物も稀だろう。史実としての足跡よりも、後世からの伝説・伝承に彩られた記憶がまさっているからだ。本書の副題「伝説に生きる英雄」は、そんな筆者の意図を代弁したものだ。

初版から三〇年が経過した。この間、数多くの義経論が出版されている。本来ならその義経論の成果を新訂版に流し込む形で一書をなすべきなのだが、今回は最低限の字句の修正程度で完了した。論旨や構成について特段の変更もない。大枠において是としたい。そんな想いで〈あとがき〉をしたためつつ、初版の執筆当時を回顧している。それはともかく、〝判官物〟は人気がある。今も昔も。そんな人物をどう料理すべきか。苦労の末に書き進めた思い出がある。新味を出すべく冒頭に会話文を入れたり（新訂版では削った）、伝説・伝承を数多く加えることを試みた。当時、駆け出しの筆者にとって、人物論はいささか過重気味の仕事だった。なにしろ当該シリーズには著名な研究者が名を連ねていた。気負いもあったし、名誉にも思った。限られた史料を駆使しつつ、最新の成果を盛り込むこと、当然すぎることへの挑戦だった。基本史料の『吾妻鏡』『玉葉』『平家物語』にくわえ、室町期の『義経記』あるいは『御伽草子』、さらに謡曲などの文芸作品にも目配りした。さらに伝説・伝承の類いを考えるために、近世江戸期の随筆や史論、野史にも触手をのばした。いうなれば、最小公倍数的義経像の提供を試みようとした。近代明治・大正期における義経論の語られ方への言及も、記憶・観念としての義経像が日本人の歴史観にどう作用しているのか。大袈裟にいえば、こんな問題関心もあったかと思う。

教科書調査官という仕事に従事しつつ、自身の立ち位置を模索する日々のなかで、本書の執筆は大いなる励みともなった。機会を与えていただいたのは、当時、清水書院編集部長だった渡部哲治氏（現社長）だった。氏とは筆者が文部省に入る以前に同社の「高等学校日本史」の執筆メンバーだった頃からの長いお付き合いである。それぞれが白髪になるほどの歳月が経過したのかと思うと、感慨もそれなりだ。

〈あとがき〉の体裁からすれば、いささか逸脱の書きぶりだろうが、昔の記憶をたどりつつ、本書の執筆のあの頃に想いを馳せている。そういえば本文にも記したように、十三湊を訪問し、龍飛岬や外ヶ浜を訪れたそのおりには、故福田豊彦先生もご一緒であった。太宰治の斜陽館に宿し、歴史の様々を質問したり語り合ったりしたことを覚えている。義経にまつわる伝承の地を巡ったことが蘇ってくるようだ。とりとめのない雑談を書くうちに指定の枚数も超過したようだ。願わくば、本書が筆者にとって心機一転、再起動のきっかけになればと。

二〇一七年　丁酉　如月

関　幸彦

義経関係略年表

西暦	年号	年齢	事項	関連事項
一一五九	平治元	1	○義経誕生	12月、平治の乱
一一六〇	永暦元	2	1月、父義朝死（38歳） 2月、母常盤、義経兄弟を伴い大和に逃亡 3月、兄頼朝、伊豆配流	
一一六五	永万元	7	○鞍馬山入寺	
一一六七	仁安二	9		2月、清盛、太政大臣（50歳）
一一七〇	嘉応二	12		5月、藤原秀衡、鎮守府将軍
一一七四	承安四	16	○鞍馬脱出、奥州下向	
一一七七	治承元	19		6月、鹿ヶ谷の陰謀
一一七八	治承二	20		11月、徳子（建礼門院）、安徳天皇を産む
一一七九	治承三	21		11月、清盛クーデタ、後白河法皇、幽閉
一一八〇	治承四	22	8月、頼朝、挙兵 9月、義経、兄の挙兵を知る	4月、以仁王の令旨 5月、以仁王、頼政敗死 6月、清盛の福原遷都 9月、義仲、木曽に挙兵

			10月、頼朝、鎌倉入り 富士川の戦い 黄瀬川の対面	
一一八一	養和元	23	3月、源義円（義経兄）、墨俣川の戦いで敗死 7月、鶴ヶ岡八幡宮上棟式で馬引を行う 11月、平氏迎撃のため出陣したが中止	閏2月、清盛死（64歳） 6月、義仲、横田河原の戦いで城氏を破る
一一八二	寿永元	24		この年凶作、養和の大飢饉
一一八三	〃　二	25	閏10月、義経、義仲追討のため、鎌倉を発つ 11月、義経軍、近江に達す	5月、義仲、倶利伽羅峠で平氏を破る 7月、平氏一門、西走 義仲入洛 8月、後鳥羽天皇践祚 10月、「十月宣旨」 閏10月、義仲、水島の戦いで平氏に敗れる 11月、義仲クーデタ、法皇の法住寺殿焼討ち 12月、頼朝追討の院宣
一一八四	元暦元	26	1月、義経・範頼軍、宇治・瀬田に義仲と交戦、破る 〃　義仲敗死（31歳）	1月、義仲、征夷大将軍 〃　平氏、一ノ谷の城郭を構築

			〃 義経、平氏追討のため、一ノ谷に進発	
			2月、三草山の戦い	
			〃 一ノ谷合戦で平氏大敗	
			〃 京都凱旋後、治安維持に当たる	
			8月、頼朝に無断で検非違使左衛門尉に任官	
			〃 範頼、平氏追撃のため、鎌倉を出発	
			9月、義経、従五位下となる	
			10月、義経、昇殿を許される	10月、頼朝、鎌倉に公文所・問注所を開く
一一八五	文治元	27	2月、範頼軍、九州に到達	
			〃 義経、京都を進発	
			〃 義経、阿波に到着	
			〃 屋島の戦いで平氏を破る	
			3月、義経、平氏追撃のため周防を船出	
			〃 壇ノ浦合戦で平氏一門滅亡	
			4月、無断任官の東国武士二四人処罰	
			〃 義経、頼朝に勘当される	
			5月、義経、出京	5月、平時忠、能登配流が決定
			〃 腰越状を呈す	
			6月、義経、京都帰京	6月、平宗盛斬られる（39歳）

			8月、義経、伊予守に任官 9月、義経、鎌倉使者梶原景時と面会 10月、土佐坊昌俊、義経を襲撃 〃　義経、頼朝追討の宣旨を得る 11月、義経、出京 　大物浦より船出 〃　義経追討の宣旨	11月、北条時政、入京 〃　守護・地頭の勅許 12月、院近臣の解官 　議奏公卿の設置
一一八六	文治二	28	3月、静、鎌倉に出発 4月、静、鶴ヶ岡社頭の舞い 5月、源行家殺さる 6月、義経追討の宣旨 閏7月、叡山潜伏、発覚 〃　静、男子出産 9月、静、母とともに鎌倉を出発 〃　郎党堀景光捕わる。佐藤忠信殺さる 11月、義経を義顕と改名	2月、一条能保、京都守護 3月、九条兼実、摂政

			12月、比企朝宗、奈良に義経を捜索	
一一八七	文治三	29	2月、義経、奥州下向の風聞 3月、奈良僧聖弘、鎌倉に召喚 9月、義経追討の宣旨 奥州藤原氏へ 10月、秀衡、死す	6月、大江広元、上洛 9月、鬼界島に義経与党を捜索
一一八八	文治四	30	2月、義経追討の宣旨、泰衡に伝える 10月、義経追討の宣旨	10月、叡山僧俊章の逮捕を命ず
一一八九	文治五	31	2月、頼朝、泰衡追討を求む 閏4月、泰衡、衣川館に義経を襲撃、義経自害 6月、義経の首級、鎌倉に届く	1月、頼朝正二位 2月、平時忠、能登で死す（60歳） 6月、頼朝、泰衡の追討を請う 7月、奥州討伐軍進発 9月、泰衡殺さる（35歳） 奥州藤原氏滅亡

さくいん

【わ】

2017年4月20日　初　版　第1刷発行

ISBN978-4-389-44104